狂喜、永劫與自我的超越

尼采談生命的工法

Friedrich Nietzsche
弗里德里希・尼采 著

林哲原 編譯

白話哲學系列

生命無答案，只能用行動來試驗

別把哲學當真理

跟著尼采，用思考拆解世界！

目錄

目錄

第一章

生命的實驗：尼采的起點

第一節　哲學與生命的距離

抽象知識與生活經驗的鴻溝

在傳統的想像中，哲學是一門處理「真理」與「存在」的學問，似乎高懸在現實生活之外。人們讀柏拉圖的理型論，或是康德的先驗哲學時，常感覺那是一套封閉的體系，像是數學般嚴謹，卻又遠離呼吸、疼痛與愛。尼采一開始對哲學抱持的懷疑，正是針對這種「過度抽象」的特性。他認為，若哲學不能觸及活生生的困境，那麼它就淪為紙上談兵。哲學若只停留在講臺與書桌，就會與血肉之軀漸行漸遠。對尼采而言，真正的思考必須能讓人感到炙熱，而非冷冰冰地堆疊概念。

青年尼采與時代氛圍

尼采的青年時代，正處於十九世紀歐洲的劇烈轉折期。德國文化在普魯士力量的推動下快速現代化，科學與理性被奉為至高無上的權威。尼采身為語言學者，本應順理成章地走上學院派的道路，但他在古希臘文獻與音樂的薰陶中，深切感受到另一股力量——藝術與生命的結合。他閱讀艾斯奇勒斯（Aeschylus）與索福克里斯（Sophocles）的悲劇，發現其中蘊藏著一種對苦難的凝視，這種凝視不是逃避，而是擁抱。與此同時，他也觀察到同代哲學界的冷峻風氣：系統建構、邏輯嚴謹，但卻缺少對靈魂痛苦的回應。這種落差，使他產生一個核心問題：哲學究竟要如何與現實對話？

尼采對哲學用途的再定義

對尼采來說，哲學不能只是一種學問，而應是一種生活方式。他在《曙光》（*The Dawn of Day*）中提出警告：概念若失去了與生命的連結，就會變成僵化的標籤，讓人陷於誤解。他要求哲學回到實驗室，但這個「實驗室」不是充滿儀器的空間，而是我們的日常。每一次選擇、每一次痛苦、每一次掙扎，都是哲學應該觸碰的現場。尼采要建立的，是一種能在現實中運作的思想工法。這使得他的哲學風格不同於傳統體系，他的文字不追求條理清晰的演繹，而是斷章、格言、隱喻，像火花般點燃讀者的思考。

與傳統哲學的對讀

若將尼采與亞里斯多德相比，差異尤其鮮明。亞里斯多德視哲學為「愛智」，他要建構一個完整的知識體系，涵蓋倫理學、政治學與自然學。這種努力，像是建造一棟宏偉的房子，穩固而全面。但尼采選擇的是另一種策略，他拒絕房子般的穩固結構，反而要點燃一團火。火可以照亮，也可以焚燒，它帶來熱力與危險。尼采的哲學是帶有風險的，因為它不斷挑戰讀者既有的信念。他要的不是舒適的居所，而是燃燒的試煉場。

哲學作為行動的引導

尼采的批判不是為了毀掉哲學，而是要使哲學變得實用。他要哲學成為一種能導向行動的工具。當人面對選擇時，傳統哲學可能告訴你「什麼是正確的」，而尼采會問：「這個選擇是否讓你的生命更有力量？」這種轉向，使哲學不再是靜態的教條，而是動態的練習。他強調語言的力量，因為語言不只是描述現實，而是能夠改變現實的工具。當你說出「我選擇」或「我拒絕」時，你不只是表態，而是實際塑造了自己的存在。

對照蘇格拉底傳統

尼采對蘇格拉底的態度充滿矛盾。他讚賞蘇格拉底的勇氣，卻也批評他把理性推向極致，讓生命失去了音樂與舞蹈的成分。蘇格拉底式的哲學強調可以用邏輯與辯證來解釋一切，但尼采認為，生命的深度往往超越理性能捕捉的範圍。人活著不只是因為能解釋，而是因為能感受。這種感受無法完全化約成命題，但卻是哲學不可或缺的部分。尼采的批判，就是要提醒人們：當理性壟斷一切時，生命將失去多彩的面貌。

重建哲學與生命的關係

這一節最重要的洞見，是尼采要我們重新審視哲學與生命的距離。當哲學變成單純的知識體系，它就與生命脫節；但當哲學願意下沉到日常，願意面對痛苦與掙扎，它就能成為行動的指南。尼采要求的不是「正確答案」，而是「強烈生命力」。這樣的哲學才能真正影響個體，讓人不只是被動地活著，而是主動地塑造生命。從這個基礎出發，尼采才逐步走向權力意志、超人與永劫回歸等思想。

小結

哲學必須回到血肉之中。

第二節　生存即試驗

生命並非穩固的答案

在尼采看來，生命不是一套已經確定的方程式，而是一個持續變動的過程。若把人存在的全部意義歸結為「尋找正確答案」，那麼生命很快就會變得僵化，像是一道只能解一次的數學題。然而，尼采主張，生命本身並不提供標準答案，它更像是一場開放式的試驗。每個人都在其中不斷嘗試，調整自己的方向與策略。這種態度與傳統哲學的求真方式形成強烈對比：傳統哲學家追尋普遍真理，而尼采則強調每一個人的試驗性行動，才是生命的核心。

嘗試的必要性

為什麼生存必須被理解為試驗？因為人在現實世界中面對的情境從來沒有固定模式。無論是選擇職業、處理感情，或是決定價值取向，我們都不可能找到一個保證成功的準則。尼采認為，與其渴望絕對確定性，不如承認不確定本身就是生存的一部分。試驗意味著失敗的可能，而失敗正是生命的養分。只有透過一次次的嘗試，人才能逐步鍛造出屬於自己的道路。這樣的態度，是尼采哲學中最具實踐性的部分。

與科學精神的對比

在十九世紀的科學氛圍下，許多人追求可以普遍應用的定律，彷彿一切都能夠被歸納為固定規則。尼采並不否定科學的價值，但他指出，人類存在的核心經驗無法完全科學化。生命的掙扎、創造、激情，都帶有不確定性。把生存當作試驗，正是對科學化確定性的反動。尼采在《快樂的科學》（*The Gay Science*）中寫道，真正的科學精神應當保持幽默與勇敢，敢於在沒有保證的情況下展開探險。科學若僵化為教條，便失去了其原本的試驗精神。

試驗與藝術的相通

尼采將生命理解為試驗，與他早期對藝術的熱情緊密相連。藝術作品並非依循固定規則誕生，而是透過創作者的反覆嘗試、修正與冒險。音樂家在旋律中尋找和諧，詩人則在字句中尋找節奏，這些過程都沒有既定答案。尼采將這種藝術的試驗性延伸到生存：活著就像創作，每個人都在為自己寫下未完成的作品。錯誤並不是失敗，而是必要的草稿。唯有經歷過無數次的草稿，最終的生命風格才可能浮現。

實驗性的倫理觀

傳統倫理學往往假設存在一套固定的善惡規則，人只要遵循就能正確生活。尼采則打破這個框架，他認為每個人都必須在生活中自己試驗，判斷哪些行為能讓自己更強大，哪些選擇會削弱生命力。這種倫理觀不是普遍的，而是個別化的。當然，這樣的態度伴隨著風險，因為沒有任何保證。但尼采強調，正是這種風險，才讓生命真正屬於自己。若只是被動地遵循外來規範，生命就失去了創造力。

面對失敗的勇氣

把生存理解為試驗，必然會遇到失敗。尼采對此毫不掩飾，他甚至認為失敗是不可或缺的。失敗意味著一種測量，它告訴我們力量的邊界在哪裡，也提醒我們需要調整方式。尼采鼓勵人以正面的態度擁抱失敗，因為失敗不是終點，而是修正的契機。他在《查拉圖斯特拉如是說》(*Thus Spoke Zarathustra*) 中透過寓言形象告訴我們，跌倒的人比安於現狀的人更接近超越。因為只有冒險者才會跌倒，只有跌倒者才有機會再度站起。

對應虛無主義的危機

尼采之所以強調生存即試驗，背後還有一層更深的理由：他要對抗虛無主義。當上帝之死被宣告，傳統價值失效，人們容易陷入無所適從的空洞。若仍以「尋找絕對答案」為目標，結果往往是絕望，因為答案已不復存在。但如果把生存視為試驗，情況就不同了。沒有絕對答案並不是失落，而是開放。這意味著每個人都能用試驗的方式建立自己的價值。尼采藉此把虛無轉化為契機，讓人能在不確定中發現自由。

與當代生活的連結

把生命視為試驗的觀點，對今日仍具啟發性。在現代社會中，工作選擇、情感經營甚至自我認同，都充滿不確定性。若我們執著於尋找「唯一正確的答案」，很可能會陷入焦慮與無力感。尼采的提醒是：別等到一切確定才開始行動，因為確定性永遠不會來臨。相反，我們應該以試驗的心態行事，允許自己修正、允許自己跌倒。這不僅是哲學的態度，更是心理上的解放。

哲學風格的實驗性

尼采自己的寫作風格，也體現了「生存即試驗」的精神。他拒絕以系統化的論文來表達，而是使用格言、片段與寓言。他要的不只是理性上的說服，而是情感上的震撼。這種寫作方式，本身就是一次次的風格實驗。讀者在閱讀時，也被迫跟著進行試驗，因為沒有單一路徑可以解讀尼采的文字。這種風格既挑戰人，也培養了人的勇氣。

哲學成為生活的實驗室

尼采最終要提出的，是一種新的哲學態度：哲學不是建造永恆體系的工具，而是生活的實驗室。每一個決定都是一次小小的實驗，每一次挫敗都是一份數據，每一次調整都是新的假設。這種態度能讓人保持彈性，也讓人不會因為缺乏答案而癱瘓。哲學因此不再是遠離現實的抽象學問，而是伴隨我們日常的一套實驗方法。

小結

把生命視為一場持續不斷的試驗。

第三節　青年的尼采與時代困境

德國統一與文化的躁動

尼采出生於十九世紀中葉，正是德國逐漸邁向統一的時代。普魯士的軍事力量與政治擴張塑造了一種剛硬的氛圍，強調秩序、紀律與國家利益。青年尼采一方面身處這個逐漸整合的社會，另一方面卻對其背後的文化單一化深感不安。德國文化在外表上似乎充滿自信，但在尼采眼中，它缺乏真正的生命力，只是在不斷模仿過往的形式。這種躁動與空虛的矛盾，讓他開始懷疑自己所處時代的價值根基。

古典學者的早熟起點

尼采少年時期便展現出語言天賦，年輕時就成為巴塞爾大學的古典語言學教授。這樣的成就，在當時的學術界十分罕見。然而，這份「早熟」不僅帶來榮耀，也帶來壓力。尼采發現，學術圈對古典文獻的研究過於僵化，只追求注解與精密考證，卻忽略了文本與生命之間的關聯。他在教學中雖然扮演專業學者的角色，內心卻越來越強烈地覺得：如果學問無法回應活著的問題，那麼它便失去了真正的意義。這種不滿，成為他離開純語言學、轉向哲學的關鍵。

現代化的科學信仰

十九世紀的歐洲充滿對科學的信仰，許多人認為科學能提供所有問題的答案。尼采雖然欣賞科學方法的嚴謹，但他很快就注意到科學背後的「新偶像化」問題。科學一旦被偶像化，也會像宗教一樣，壓抑人的創造力。青年尼采在這種氛圍下感受到窒息：他不願再相信單一的真理，也拒絕讓人類被還原為冷冰冰的數據。他察覺科學固然能解釋現象，但無法回答「為何要活」這個核心問題。這種質疑，使他逐步走向對虛無主義的反思。

音樂與藝術的啟蒙

與科學氛圍形成對比的，是尼采對音樂與藝術的熱情。他與華格納的友誼，尤其在青年時期，給了他強烈的刺激。音樂在他眼中不只是娛樂，而是一種直達生命根源的力量。希臘悲劇中的合唱與節奏，讓他看見藝術如何幫助人承擔苦難。他開始相信，若哲學要與生命結合，就必須從藝術汲取能量。藝術不是逃避，而是勇敢的凝視。青年尼采在這種藝術啟蒙中，找到與時代理性主義截然不同的道路。

個人孤獨的體驗

尼采雖然成名甚早，但他並未因此感到歸屬。相反地，他常感到孤立。他既不完全屬於嚴謹的學術傳統，也無法完全融入軍國色彩濃厚的社會氛圍。他的身體狀況又欠佳，使他在年輕時便深切感受到肉體的限制。這些孤獨經驗迫使他不斷追問：什麼才是生命真正的價值？這種孤立感沒有讓他退縮，反而成為他思考的燃料。他逐漸形成一種態度：唯有透過自我試驗，才能找到屬於自己的道路。

青年尼采與宗教問題

尼采出生於牧師家庭，早年受基督教熏陶。然而，隨著求學與思考的深入，他開始與宗教保持距離。他看見教會不斷重複的教義，對真實痛苦卻提供不了真正的安慰。對尼采而言，宗教過度依賴來世的承諾，而忽略了今生的價值。青年尼采的掙扎，不只是信仰的質疑，更是對時代精神的挑戰。他逐步走向「上帝已死」的命題，正是從這段宗教矛盾經驗中萌芽而來。

時代困境的總結

青年尼采的處境，正是個人與時代矛盾的縮影。他身處一個科學與國家主義高漲的世紀，卻敏銳地感受到其中的空虛；他受過古典學術訓練，卻拒絕被困在冷僵的框架裡；他渴望群體，但又體驗到深切的孤獨。這些困境不僅塑造了他的思想起點，也為他日後的哲學主題提供了土壤。從這些掙扎出發，尼采才會提出「重估一切價值」的呼聲。

小結

青年尼采在矛盾中孕育新的哲學種子。

第四節　尋找屬於自己的秤

傳統秤的局限

尼采常用一個形象的比喻：社會就像一座公認的秤，用來衡量人的價值。這座秤由宗教、道德、學術與社會習俗共同鑄造，告訴人們什麼是善、什麼是惡，什麼值得追求、什麼必須拒絕。大多數人一生都安於被這座秤稱量，接受外界給予的數字。然而，尼采指出，這樣的秤往往是為了維護群體的安定，而不是為了彰顯個體的力量。當我們一再依循這座秤的刻度行事，就逐漸失去為自己定義價值的可能性。

被動的接受與主動的選擇

在日常生活裡，人們很容易陷入被動接受的狀態。例如，「努力工作」被視為理所當然的美德，「服從規範」被當作基本的責任。但尼采提醒，這些評價並不一定來自生命本身的需求，而是群體為了維持秩序所塑造的期待。若一個人只是順從這些期待，他的價值就只是外在秤上的一個數字。相反地，若他能主動建立自己的秤，那麼每個選擇就不再只是服從，而是實際的自我鍛造。

自我秤的隱喻

「尋找屬於自己的秤」意味著要找到一套屬於自己的衡量方式。這並不表示要否定所有既有的規範，而是要勇於檢查：哪些規範真正能讓生命更強大，哪些只是限制。尼采在《善惡的彼岸》(*Beyond Good and Evil*) 中強調，善與惡的區分本身就是歷史性的，沒有永恆不變的刻度。因此，每個人都必須重新設定自己的基準線。這是一種冒險，因為一旦離開了公共的秤，就失去了社會的保護。但也正是在這種孤獨中，個體才能開始創造。

與傳統德性倫理的對比

在亞里斯多德的德性倫理中，人生的目標是培養「中庸」的德性，藉由習慣與理性養成穩定的人格。這種倫理學的秤，提供了普遍可適用的標準。尼采則認為，這種標準雖有助於社群和諧，但往往壓抑了個體的稀有性。他要的不是「穩定」，而是「強度」。亞里斯多德的秤像是一座平衡器，確保不偏不倚；尼采的秤則是一座放大器，測量一個人是否有勇氣超越平庸。兩者之間的張力，正是理解尼采哲學的重要線索。

打破「應該」的枷鎖

尼采特別批判「應該」這個字眼。當人們說「我應該這麼做」，往往代表自己已經把秤交給了外在權威。這種語言把人變成被動的執行者，而不是主動的創造者。尋找自己的秤，意味著把「應該」轉換成「我選擇」。這樣的轉換，看似只是語言的細微差異，實則蘊含了生命態度的徹底改變。當人能說出「我選擇」時，他已經開始打造自己的秤，而不是依附在別人的秤上。

孤獨作為必經之路

一旦開始尋找自己的秤，個體就必然會面臨孤獨。因為群體秤的刻度提供了安全感，而自我秤卻沒有外在的保證。尼采一再強調，孤獨不是失敗，而是通往超越的必經之路。在孤獨中，人才能誠實地問自己：這樣的選擇是否真正增強了我的生命力？這樣的生活是否值得無限次地重來？這些問題無法由社會回答，只能由自己來承擔。孤獨因此不是負擔，而是測試新秤精準度的必要環境。

與虛無主義的分水嶺

尼采的時代充滿虛無主義的陰影，許多人在上帝死去之後失去衡量的標準。他們覺得生命不再有意義，因為舊的秤已經崩壞。但尼采並不因此陷入絕望，他主張要利用這個斷裂，建立屬於自己的秤。虛無並不是終點，而是新價值的誕生點。當舊秤被打碎，正好提供了打造新秤的空間。這就是尼采所說的「價值重估」的實質意義。

實踐的步驟

尋找自己的秤，不是一次性的決定，而是一連串實驗。第一步，是覺察自己平常使用的語言。當你說「我應該」時，停下來問：這個「應該」來自哪裡？是家族的期望？社會的規範？還是自己的選擇？第二步，是嘗試把「應該」改寫成「我選擇」或「我拒絕」。這樣的語言練習，能逐漸調整你手中的秤。第三步，是在行動中檢驗。如果這個選擇讓你更有力量，讓你更能承擔生命，那麼這就是你的秤正在發揮作用。

對照現代的啟示

即使在今日，「尋找屬於自己的秤」依然具備啟發力。在職場上，我們常被要求用績效來衡量價值；在社群媒體中，我們被按讚數與關注度稱量。這些都是外在的秤。若只依賴它們，人很容易陷入焦慮與比較。尼采提醒我們，真正的價值必須由自己設定。當一個人能建立屬於自己的秤，他就不再被外在數字操縱，而是能用行動展現自己的力量。這正是尼采哲學跨越時代的意義。

小結

打造屬於自己的秤，才能真正開始重估價值。

第五節　問題與答案的倒轉

傳統哲學的追問方式

在西方哲學的長河裡，「問題」與「答案」通常形成一套嚴謹的秩序。哲學家們提出關於存在、真理、善惡的問題，然後努力建構一個系統性的答案。柏拉圖尋找「理型」作為終極回答，笛卡兒透過「我思故我在」建立確定基礎，康德則設計先驗條件來解釋認知的可能性。這些努力，共同維護著一種信念：只要提出正確的問題，就能得到正確的答案。然而，尼采對此提出根本性的懷疑。他發現，很多時候「問題」本身就已經被傳統假設污染，答案只是順從了既有的框架。

尼采對「答案」的不信任

尼采在《曙光》與《善惡的彼岸》中，不斷強調對固定答案的懷疑。他認為答案往往不是對真實的揭示，而是某種權力結構的產物。比如，當宗教宣稱「善是遵循神的旨意」時，問題與答案早已被權威鎖定；人們並不是自由地探索，而是被迫在一個封閉的框架內循環。尼采指出，哲學若只是追尋答案，反而會陷入新的奴役。因為每一個確定答案都可能成為新的偶像，限制了人對生命的開放態度。

問題作為探索的起點

與傳統不同，尼采更重視「提出問題」本身。他認為問題應該是一種實驗，而不是通往答案的單行道。當一個問題被提出，它應該能夠打開新的視野，讓人嘗試不同的可能性。尼采甚至認為，好的問題不需要急於得到答案，因為它的價值就在於能夠持續挑戰我們的思維慣性。換言之，問題的功能不在於「解決」，而在於「啟發」。

倒轉的思維方式

尼采的獨特之處，在於他願意倒轉問題與答案的關係。他提醒我們，很多答案其實是我們潛意識中的欲望或恐懼，先有了這些傾向，才塑造出看似合理的問題。例如，人類渴望永恆，就會提出「靈魂是否不滅」的問題；人類害怕混亂，就會追問「是否存在永恆的道德律」。尼采看穿了這個邏輯，他指出：我們不是因為有問題才尋找答案，而是因為有答案的欲望，才編織出問題。這種倒轉，顛覆了傳統哲學的根本結構。

哲學的心理學化

尼采在《道德系譜學》（*On the Genealogy of Morality*）中更進一步，他把哲學問題視為心理學的症狀。哲學家的問題不是來自純理性，而是來自各自的性格與處境。悲觀的人提出「生命是否值得活」的問題；追求秩序的人提出「宇宙是否有法則」的問題。問題本身就是個人心理的投射。這樣的視角讓尼采成為第一個將哲學徹底心理學化的思想家。他告訴我們，與其盲目追尋答案，不如先檢查問題背後的動機。

對傳統學術的挑戰

這種倒轉思維對學術體系是一種挑釁。學院往往重視「解決問題」，建立清楚的理論與答案。但尼采要求哲學不要急於給出定論，而是要勇敢地拆解問題本身。他批評那些以「終極解釋」自豪的學說，認為它們只是人類恐懼空虛的反射。真正的哲學家應該像外科醫師，敢於把問題切開，檢查它的內臟，而不是急於縫合。這樣的態度雖然讓人不安，卻能防止我們被虛假的答案麻醉。

生活中的倒轉練習

尼采的思想不僅是理論，也可以成為日常的練習。當我們在生活中感到焦慮時，往往會不斷追問：「我要怎麼做才是對的？」這其實就是渴望答案的反射。若依照尼采的方式，我們應該先倒轉思考：這個問題背後的恐懼是什麼？我是不是害怕失敗，才急於尋找保證？我是不是渴望認同，才追問哪種選擇能得到讚許？當我們看到問題背後的欲望，焦慮就會減少，因為我們不再被假問題綁住。

與藝術精神的呼應

尼采對問題的倒轉，也與他對藝術的理解相關。在藝術創作中，往往沒有明確的問題與答案，只有不斷的探索與嘗試。藝術家不會因為「沒有正確答案」而停止創作，相反地，正是因為沒有答案，才有無窮的創作空間。尼采希望哲學也能如此，把問題當作創造的契機，而不是一種焦慮的陷阱。這種態度，讓哲學更接近藝術，也更接近生命本身。

對現代人的啟示

在現代社會裡，人們習慣於追求快速答案：效率指南、成功祕訣、心理測驗，彷彿一切問題都能馬上得到解決。然而，尼采提醒我們，這種渴望答案的習慣，往往讓人陷入新的依賴。我們需要的是培養「與問題共存」的能力。當我們能忍受沒有答案的狀態，反而更能發揮創造力。尼采的倒轉思維，對於今日過度依賴標準化答案的文化，無疑是一劑強烈的解藥。

小結

答案是欲望的投射，問題才是真正的實驗場。

第六節　從音樂到哲學的轉折

音樂作為原初啟蒙

尼采最初並不是以哲學家之姿進入世人眼中的。他的第一份熱情來自音樂，尤其是古典悲劇中合唱的節奏與和聲。少年尼采在萊比錫時便寫過音樂作品，雖然技巧上未必能與當時專業作曲家相比，但那份真摯的創作欲望，顯示出他把音樂視為觸及生命深處的一種方式。對尼采而言，音樂不僅是藝術形式，而是一種能夠將人帶入「存在根源」的力量。這種經驗在他日後的哲學思考中，始終留有烙印。

與華格納的相遇

青年尼采生命中最重要的音樂契機，就是與作曲家華格納的相遇。華格納的作品充滿戲劇性與激情，對尼采而言，這正好印證了他對「酒神精神」的理解：藝術能夠打破日常的秩序，讓人沉浸於狂喜與集體的融合。尼采一度把華格納視為精神導師，認為他將引領德國文化走向復興。華格納的歌劇舞臺，讓尼采看見藝術與哲學並非對立，而是互補。他甚至相信，真正的哲學必須從音樂獲得靈感，否則就會失去與生命的共鳴。

《悲劇的誕生》的誕生

正是在音樂與古典文獻的交會下，尼采寫出了他的第一部重要著作——《悲劇的誕生》(*The Birth of Tragedy*)。這本書並不像傳統的學術論文，而更像是一首思想交響曲。書中提出「日神精神」與「酒神精神」的二元對立，並指出希臘悲劇正是這兩股力量的結合。這本著作奠定了尼采思想的基調：藝術並不是裝飾，而是生命本身的療癒方式。《悲劇的誕生》同時也是尼采從音樂走向哲學的橋梁，他透過藝術的語言，嘗試建立哲學的敘事。

從藝術到思想的跨越

然而，尼采並未止步於藝術的迷戀。他逐漸發現，僅靠藝術不足以回應他對生命意義的追問。音樂能帶來瞬間的狂喜，但這種經驗需要更深層的思維來承載。於是，尼采把音樂經驗轉化為哲學語言，將「狂喜」、「節奏」、「悲劇」這些元素，延伸為生命觀與價值觀的討論。換言之，他並不是放棄音樂，而是把音樂升華為哲學隱喻。這就是他生命中最關鍵的轉折點：從音樂家未竟的夢想，轉化為哲學家的探索。

對華格納的幻滅

這段轉折並非沒有矛盾。隨著時間推移，尼采逐漸看見華格納背後的政治企圖與宗教傾向。他失望地發現，華格納的藝術並未真正指向自由，反而成為新的偶像。這讓尼采痛苦卻也清醒：藝術若只是新的宗教，它就無法解放生命。這場幻滅促使尼采更堅定地轉向哲學，他要尋找一種不依賴偶像、不依附權威的思考方式。哲學成為他重新安置藝術熱情的容器。

格言風格的養成

在這個過程中，尼采的寫作風格也發生轉變。他逐漸放棄學術化的長篇論證，而以格言、短章、寓言來呈現思想。這種風格帶有強烈的音樂性：節奏鮮明，語句充滿起伏，讀起來像是思想的旋律。他的哲學文字，仍保留了音樂的激情與節奏感。可以說，尼采並不是離開音樂，而是讓音樂成為他哲學的隱形結構。

音樂與哲學的互補

尼采的轉折不是單向的捨棄，而是一種互補。他從音樂獲得直覺的力量，從哲學獲得批判的深度。兩者結合，使他的思想既具詩意，又充滿尖銳批判。這也是為什麼他的哲學作品與同時代的其他學者迥然不同：他不僅在論證，更在創作。他的哲學帶有舞臺感，像一場思想的演出。這種獨特性，使他能在哲學與文學之間搭建橋梁。

對現代的啟示

對今日的我們來說，尼采從音樂到哲學的轉折，提醒我們不要把學科分割得過於僵硬。藝術與哲學、情感與理性，並非水火不容。尼采用他的經歷告訴我們，真正的思想往往來自跨越。當我們允許自己把不同領域的經驗交織，就可能產生新的視角。這種跨越性的勇氣，是他留給現代人的重要啟示。

小結

音樂化為哲學，哲學才能回應生命的節奏。

第七節　為何要開始重估

舊價值的崩壞

在尼采所處的時代，歐洲傳統的價值基礎正逐漸崩壞。宗教不再能提供無條件的信仰，科學則取而代之成為新的權威，但卻無法回答生命的意義。這種斷裂，讓人感到徬徨：既有的秤已經壞了，但新的秤尚未出現。尼采正是在這樣的空白中提出「重估一切價值」的呼聲。他看見舊有的道德、宗教與哲學體系不再能支撐人類的精神需求，而人們仍依賴著它們，就像依賴一座已經歪斜的秤。這正是危機的起點，也是重估的必要。

「上帝已死」的宣告

尼采在《快樂的科學》中以寓言方式宣告「上帝已死」。這並不是單純的無神論表態，而是指出舊的價值秤已經失效。當人類意識到沒有超越的權威來保證意義時，就會陷入虛無主義。對尼采而言，這不是可以避免的過程，而是一個時代必然的命運。他提醒人們，既然上帝已死，我們就必須自己來建立新的價值。重估因此不是選項，而是生存下去的唯一途徑。

道德的可疑性

尼采對道德的批判，尤其凸顯了重估的必要。他在《道德系譜學》中追問：善惡的評價從何而來？他發現，所謂的「善」往往是弱者為了保護自己所建構的框架，強者則被標籤為「惡」。這樣的價值體系，表面上合理，實際上卻削弱了生命的力量。當人被要求不斷犧牲自己、不斷服從群體時，個體的創造力與激情就被壓抑。尼采認為，如果我們不重新檢驗這些道德的來源，就只能繼續在被動中生存。

哲學體系的偶像化

除了宗教與道德，尼采也質疑哲學自身。他認為歷史上許多哲學家，其實是把自己的心理需求偶像化，然後包裝成普遍真理。例如，柏拉圖渴望純淨，於是創造了理型世界；笛卡兒渴望確定，於是建立理性基礎。尼采指出，這些體系雖然看似高尚，卻常常遮蔽了生命的多樣性。哲學如果只是建造偶像，便與宗教沒有差別。因此，哲學也需要被重估。

個體的壓抑經驗

尼采並不是在抽象地談理論，他自身的生命經驗也讓他深刻感受到重估的必要。他年輕成名，但也因此承受巨大的壓力；他的身體疾病，讓他經常在痛苦中掙扎；他與華格納的決裂，更讓他體會到偶像破滅的失落。這些個人經歷，使他更敏銳地察覺到：當一個人把生命交託給外在秤，他終將陷入失望。唯有自己創造秤，才能抵抗失落。這種自我試煉，正是他重估呼聲的生命根源。

群體的安全幻象

人類普遍追求安全感，於是依賴群體價值來衡量自己。這種依賴雖然提供短暫的安穩，但在尼采眼中卻是危險的。因為當群體的秤失效時，人就會陷入徹底的迷惘。他批評「羊群道德」，指出群體往往讚美服從與謙卑，而壓抑獨立與創造。若不重估，人只會被困在羊群之中，失去成為自己的可能。尼采要人勇敢地離開羊群，哪怕意味著孤獨，因為唯有如此，新的價值才可能誕生。

重估與未來的希望

尼采並不是單純地拆毀舊秩序，他真正關心的是如何開創未來。重估一切價值的意義，在於給予人類一種重新創造的可能。他希望人能不再依賴舊的秤，而是打造屬於自己的秤。這並不表示完全否定過去，而是要從批判中尋找新生。對尼采而言，重估是通向「超人」的必經之路。只有在重估之後，個體才可能不再被過去束縛，而能勇敢地承擔未來。

對今日的延伸

即使在當代，重估仍是一項迫切的課題。現代社會充斥著各種外在秤：財富、地位、按讚數、學歷。這些標準雖然方便，但往往使人陷入比較與焦慮。尼采的提醒依然有力：不要盲目依賴外在秤，而要審視它們是否真能讓生命更強大。當我們願意重估，就能擺脫無謂的標準，開始建立屬於自己的衡量方式。這樣的態度，不僅是哲學的課題，也是每個人的生活挑戰。

小結

重估不是選擇，而是面對虛無後的必然行動。

第二章

自我的發現：我不是誰，我又是誰

第一節　拆解自我的假面

假面的日常性

在人際互動中，我們常常戴上各種假面。這些假面有時是社會角色的要求，例如學生、上班族、父母；有時是情緒上的偽裝，例如強顏歡笑、故作堅強。假面本身並非全然負面，它能讓人順利地融入群體、避免衝突。然而，尼采指出，假面若成為自我唯一的面貌，就會導致生命的窒息。當一個人太過依附假面，他逐漸忘記了自己原本的面貌，甚至失去了與自己真實欲望的接觸。

假面的必要與危險

尼采並不是單純否定假面，他承認假面在文明生活中的功能。沒有假面，人類社會很可能無法運作，因為群體需要禮貌、需要表象來維持秩序。但問題在於，人往往過度依賴這些假面，結果反而成為假面的囚徒。當「角色」壓過了「人」，我們便失去了創造的自由。尼采提醒，哲學的任務之一，就是拆解這些假面，讓人重新面對自己。

假面背後的欲望

尼采在《善惡的彼岸》中揭示，許多所謂的「高貴」或「正當」的行為，其實只是人類欲望的假面。譬如，謙卑可能是一種怯懦的假裝；善良可能是一種無力反擊的姿態。這並不表示謙卑或善良毫無價值，而是要讓人理解：在道德外衣下，往往潛藏著更深的心理動機。當人們相信假面就是真相，就會被自己的幻象欺騙。拆解假面，正是為了讓我們不再對自己說謊。

與社會習俗的關聯

假面往往是由社會習俗塑造的。社會期待我們遵循既定的行為模式，例如「聽話的孩子」、「負責任的員工」、「溫柔的女性」。這些模式一方面提供認同，另一方面卻也壓抑了個體的獨特性。尼采特別批判「羊群道德」，認為這種習俗性的假面讓人喪失了力量。當一個人只是依循習俗而活，他的生命便成了別人的影子。拆解假面，就是要勇敢地面對社會的不滿，拒絕完全依附於習俗的衡量。

假面與真誠的錯位

在日常語言中，「真誠」往往被視為美德。但尼采提醒，所謂的真誠也可能是一種假面。人們表現出的真誠，常常是為了得到他人的信任與好感，而不是真的來自內心的坦率。這樣的「真誠」其實仍是一種偽裝。尼采要我們追問：究竟哪一種行為才真正來自生命力的充盈？唯有拆掉那些為了迎合他人而設的「真誠」，人才能開始觸及真正的自我。

拆解的痛苦

拆解假面並不是輕鬆的過程。它意味著要面對赤裸裸的自己，也意味著要承受他人眼光的壓力。很多人寧願繼續戴著假面，也不願揭開，因為假面雖然束縛，卻同時提供安全感。尼采在《查拉圖斯特拉如是說》中一再描繪「孤獨者」的形象，正是要強調這份痛苦與勇氣。只有願意忍受孤獨的人，才有可能拆解假面，真正與自己相遇。

假面的藝術性

有趣的是，尼采並非全盤否認假面。他甚至在某些地方讚美假面的「藝術性」。假面不是單純的謊言，它有時是自我表現的一種形式。就像演員透過角色展現真實情感一樣，人也可以透過假面表現自己的一部分。關鍵在於，假面必須是「被我操控」的，而不是「操控我的」。當假面成為創造的一部分，它就不再是監牢，而是工具。

成為自己的前提

尼采的「超人」理想，要求人能夠創造新的價值。但若沒有先拆解假面，這樣的創造是不可能的。因為假面會讓人誤以為自己已經是某種固定的角色，而忘記自己仍然有無限的可能性。拆解假面是第一步，它迫使人承認：我不是我以為的那個角色。我同時也不是別人眼中的我。只有在這種否定中，新的自我才有空間誕生。

與現代社會的呼應

在今日，假面的問題更為嚴重。社群媒體讓人不斷建構理想化的自我形象，展示生活中光鮮的一面，隱藏真實的脆弱。這些數位假面可能比傳統角色更具誘惑力，因為它們能迅速獲得認同。尼采的提醒在此格外重要：當我們過度依附假面，我們就會與真正的自己漸行漸遠。要拆解假面，就必須勇敢面對不完美，接受生命的複雜與矛盾。

小結

拆解假面，才能與真實的自我重新相遇。

第二節　人性的多層面性

單一自我的幻覺

傳統哲學與宗教往往假設「人」有一個核心、穩定且一致的本質。基督教強調靈魂的統一，理性主義哲學則相信「理性我」主宰著一切。然而，尼采質疑這樣的前提。他指出，我們所謂的「自我」其實是一種方便的假設，是社會與語言為了穩定秩序而塑造出來的幻象。真正的人性並不是一個單純的中心，而是一個多層的集合。當人把自己看成單一時，他便會忽略自身的矛盾與可能性。

內在欲望的多聲部

尼采以「多聲部音樂」來比喻人性。他認為，在我們的內心同時存在著多種聲音：本能的欲望、理性的分析、道德的規範、情感的呼喊。這些聲音並非和諧地並列，而是經常互相拉扯。人之所以痛苦，正是因為他常常被不同聲音分裂。例如，理性告訴你應該節制，但欲望卻要求即刻滿足。這種衝突不是異常，而是人性的常態。尼采的洞見在於，他不認為我們必須壓制某一個聲音，而是要學會在多聲部中找到新的節奏。

主人與奴隸的雙重性

在《道德系譜學》中，尼采提出「主人道德」與「奴隸道德」的區分。這不僅是社會層面的對比，也是內在人性的分裂。每個人心中都有主人的一面，渴望創造、渴望力量；同時也有奴隸的一面，渴望安全、渴望依附。這兩者並非互斥，而是同時存在於每一個人之中。當人過度依賴奴隸的一面，他會失去冒險的勇氣；當人過度沉溺於主人的一面，他又可能陷入傲慢與孤立。尼采提醒我們，要意識到這種雙重性，才能更誠實地理解人性。

偽裝與真誠的交錯

人性中的多層面性，也體現在偽裝與真誠的交錯上。很多時候，人們以為自己是在真誠地行動，其實只是套上另一層假面。相反地，有時候人刻意的偽裝，反而可能透露出某種更深的真實。例如，一個人表面上強裝堅強，可能正是因為他心中真實地感受到脆弱。尼采要我們看穿這種交錯，理解人性並不是單一的直線，而是重疊的曲線。真實與虛假並非對立，而是彼此滲透。

多層人性與虛無主義

尼采所揭露的人性複雜性，直接挑戰了虛無主義的根源。虛無主義之所以出現，是因為舊的單一價值失效，但人卻還想要一個絕對答案。如果我們承認人性本身就是多層次的，就不再需要一個唯一的秤來衡量一切。這種承認雖然帶來不安，卻也帶來了自由。人不再必須尋求唯一真理，而是能夠在多層次中找到暫時的平衡。尼采的重估，正是建立在這種「多層承認」之上。

自我實驗的場域

理解人性的多層面性，意味著要把自我當作一個實驗場。尼采強調，生命是一連串試驗，而這些試驗正是多層人性相互作用的結果。有時候欲望會勝出，有時候理性會制衡，有時候習俗會壓過創造。與其否認這種變動，不如承認它，並在其中學習。這種態度能避免自我分裂帶來的絕望，因為我們明白：多層性不是錯誤，而是本來如此。

與藝術隱喻的呼應

尼采經常用藝術來說明人性。在他看來，一個人的內心就像一齣悲劇：不同角色同時登場，有衝突、有和解，有高峰、有低谷。人性不是簡單的「我」，而是多重角色的舞臺。藝術家能夠容納這些衝突，將它們轉化為作品；同樣地，個體若能容納自己的多層人性，也能將衝突轉化為生命的創造力。這種隱喻，讓我們更直觀地理解尼采所說的「多層性」。

對現代自我理解的啟示

在今日，人性的多層面性比過去更為明顯。現代人同時扮演多重角色：專業工作者、家庭成員、數位世界的使用者。這些角色之間經常互相衝突，讓人感到分裂。尼采的觀點提醒我們，不必急於尋找「唯一的我」。相反地，我們應該學會承認多重性，並在其中找到創造的力量。這樣的理解能幫助人減少焦慮，也能避免陷入「自我一定要一致」的幻想。

小結

承認人性的多層次，才能展開真正的自我實驗。

第三節　對抗習俗的我

習俗的雙重角色

在人類社會中，習俗是維繫秩序的重要工具。它提供了行為的框架，使人能夠在群體生活中找到安全感。從日常禮儀到職場規範，習俗讓我們不必每次都重新思考該如何行動。尼采提醒我們，習俗同時也是一種枷鎖。當人盲目遵循習俗，他的行為就不再來自自身，而是被群體預先規劃好的軌跡。這樣的自我，只是習俗的附屬物，失去了創造的可能性。

習俗與羊群道德

尼采在《善惡的彼岸》中明確批判「羊群道德」。羊群道德強調服從、多數、謙卑與安全，這些價值雖然能維護社會穩定，卻壓抑了個體的差異性。習俗就是羊群道德的日常形式，它讓人自動地選擇安全，而不是冒險。當個體完全內化習俗，他就會把習俗當成真理，不再懷疑、不再挑戰。尼采指出，這種情況正是人失去生命力的徵兆。

習俗如何形塑「我」

人們往往以為「我」是天生的，但尼采強調，我們的自我有很大部分是由習俗建構的。家庭灌輸的規範、教育制度的訓練、社會期待的標準，都在一點一滴地塑造我們的思維與行為。這些外來力量不斷告訴我們「應該是誰」，結果我們漸漸失去了「我是誰」的追問。尼采認為，唯有對抗習俗，人才能掙脫這種外在規範的幻象，重新開始自我探索。

對抗不是否定一切

值得注意的是，尼采所說的「對抗」並不是要完全否定習俗。習俗在某種程度上是必要的，否則群體生活會陷入混亂。對抗習俗的重點，不在於摧毀它，而在於拒絕讓它成為唯一的依據。尼采要求人能夠在習俗之外找到自己的判斷標準，並且在需要時敢於違反。這種對抗不是破壞性的，而是創造性的，它讓自我能夠在習俗的框架之外，開闢新的空間。

孤獨的代價

對抗習俗往往意味著孤獨。當一個人不再照著群體的秤行事，他可能會遭遇批評、排斥甚至孤立。尼采在《查拉圖斯特拉如是說》中一再強調，孤獨是超越的必經之路。只有能承受孤獨的人，才能真正展現自我。這種孤獨並不是負面的，而是一種鍛造的環境。它迫使人誠實面對自己，迫使人承擔選擇的重量。對抗習俗因此不是短暫的叛逆，而是一場持久的試煉。

習俗與創造力的衝突

創造力的誕生，往往來自於對抗習俗。習俗追求穩定，而創造力追求突破。當人只是複製既有模式，他就無法創造新的價值。尼采認為，哲學家、藝術家與真正的思想者，必然是挑戰習俗的人。因為唯有他們敢於偏離群體，才能帶來新的視野。這樣的對抗不是反社會，而是對生命更深的忠誠。真正的創造，必須從對抗習俗開始。

習俗的心理慰藉

尼采也敏銳地觀察到，人之所以難以對抗習俗，是因為習俗能帶來心理慰藉。當我們遵循習俗，就能得到認同與安全感；當我們違反習俗，則會承受焦慮與不安。這使得人寧願犧牲自我，也要留在群體之中。尼采認為，這正是虛無主義的根源之一：人寧願依附習俗的幻象，也不願承受自由的重擔。要成為真正的自我，就必須勇敢地放棄這種慰藉。

現代社會的習俗形式

在今日，習俗的形式雖然不同於尼采時代，但它的力量依舊強大。職場的績效標準、社群媒體的「讚」數、流行文化的潮流，都是新的習俗。這些標準不斷告訴人們該如何生活、該追求什麼。許多人因此焦慮，因為他們永遠無法達到所有外在的要求。尼采的提醒在此依然切中要害：習俗的秤永遠不會完全屬於你，你必須找到屬於自己的秤。

對抗的實踐

如何在日常中對抗習俗？尼采提供的並不是一套明確的規則，而是一種態度。第一，要敢於懷疑，把「大家都這麼做」當作需要檢驗的問題，而不是理所當然。第二，要敢於拒絕，把「應該」改寫成「我選擇」。第三，要敢於承擔，接受孤獨與風險。這三個步驟不是短期行為，而是一種長期的自我鍛造。唯有透過這種對抗，個體才能真正開始創造屬於自己的生命。

小結

對抗習俗，才能從羊群中走出自我的可能性。

第四節　個體與群體的拉鋸

群體的庇護與限制

人類天生是群居的動物，群體能提供安全、支持與認同。從最早的部落到現代的國家，群體保障了個體的生存。然而，尼采提醒我們，群體不僅是庇護所，也是牢籠。當一個人完全依附於群體，他的思想與行為便不再屬於自己，而只是複製群體的模式。群體提供溫暖，但也要求服從。這種張力，構成了個體與群體之間的拉鋸。

羊群道德的陷阱

尼采最為人熟知的批判之一，就是對「羊群道德」的揭露。羊群道德強調安全、謙卑、服從，壓抑了個體的創造力。這種道德形式雖然讓群體穩定，但卻使個體失去獨立性。人們在羊群中追求被認可的快感，卻忘記了自己真正的欲望。尼采認為，這種依賴會逐漸削弱人的力量，讓人變得渺小而平庸。對抗羊群道德，意味著敢於冒險，敢於走出群體的庇護。

個體的孤獨試煉

當一個人選擇不再完全服從群體，他就會感受到孤獨。尼采在《查拉圖斯特拉如是說》中以隱喻強調，真正的思想者必須敢於走上高山，遠離人群。在孤獨之中，個體才能與自己真實的聲音相遇。然而，這種孤獨並不容易承受。人習慣依賴群體的認同，當這份認同消失時，會感到徬徨與恐懼。尼采強調，孤獨不是懲罰，而是鍛造的場域。唯有經歷孤獨，個體才能真正成熟。

群體的同化力量

群體之所以能影響個體，是因為它擁有強大的同化機制。從語言、習俗到價值觀，群體透過教育、制度與輿論不斷塑造人。尼采敏銳地指出，這種同化並不總是惡意的，它往往出於群體維持穩定的需求。然而，當同化過度，個體便會被削去稜角，成為標準化的產物。這種情況下，「我是誰」的追問就被壓抑了，因為群體早已替你回答。

創造者的矛盾位置

尼采筆下的「創造者」，總是處於群體邊緣。他們既需要群體，因為創造必須有觀眾、有傳遞的對象；但他們又必須與群體保持距離，否則會被同化。這種位置極其矛盾：太靠近群體，會被吞沒；太遠離群體，會被遺忘。創造者必須在這兩端之間不斷拉鋸。尼采將這種矛盾視為必然，因為唯有在張力之中，創造的力量才會被逼出來。

個體如何面對群體壓力

面對群體的壓力，尼采提出幾種態度。第一，是懷疑。不要輕易接受「大家都這麼做」的理由。第二，是拒絕。在必要時，勇敢地違反群體的期望。第三，是選擇。挑選那些能讓你更強大的群體，而不是那些只提供安逸的群體。這些態度並不保證輕鬆，卻能逐步建立自我。尼采提醒，真正的自我並不是在群體的掌聲中誕生，而是在抵抗群體壓力的過程中被鍛造。

現代社會的群體幻象

即使在當代，人與群體的拉鋸依舊存在。社群媒體的出現，使群體的影響更加強烈。人們不僅在現實中尋求認同，還在虛擬世界中依賴「讚」與「追蹤」來確認自我價值。這些新的群體標準，延續了羊群道德的邏輯：追求安全與認同，而非真實與獨立。尼采的提醒在此仍然適用：不要讓群體的秤完全主宰你的生命。個體必須學會與群體保持距離，否則將失去創造的可能。

小結

個體必須在群體的拉鋸中，學會承受孤獨並創造自我。

第五節　真誠與偽裝的辯證

真誠的幻象

在日常語言裡，「真誠」常被視為一種最高的美德。人們讚賞誠實，譴責虛偽，似乎真誠與偽裝是截然對立的。然而，尼采提醒我們，所謂的「真誠」往往本身就是一種幻象。人之所以表現得真誠，可能並不是因為內心完全透明，而是因為他知道「真誠」能獲得他人的信任與認同。換言之，真誠可能只是一種社會假面，它並不一定保證接近真實。尼采要我們小心，不要輕易把真誠當作真理。

偽裝的必要性

與此同時，偽裝並不總是負面的。尼采在他的文字中多次指出，人不可能完全赤裸，因為沒有任何社會能容忍一個徹底無掩飾的自我。偽裝有時是一種保護，一種讓人能在複雜社會中生存的策略。舉例來說，在面對敵意環境時，適度的偽裝能保護個體免於傷害。偽裝甚至可能是創造的一部分，就像演員透過角色表達真實情感一樣。尼采因此認為，偽裝不是單純的謊言，而是一種必要的藝術。

真誠與偽裝的交錯

尼采特別強調，真誠與偽裝往往是交錯的。一個人可能在偽裝的同時，透露出更深的真實；而一個看似真誠的表白，卻可能是最精巧的偽裝。這種交錯顛覆了我們的直覺，讓我們不得不承認：人性並不是單純的二元，而是重疊的曲線。尼采要我們學會在這種交錯中辨認生命的力量，而不是急於判斷誰真誰假。

偽裝作為力量的展現

尼采認為，偽裝甚至可以是一種力量的展現。強者並不是完全透明的，他懂得在適當時候隱藏自己，把力量保留在需要的時刻才釋放。偽裝在這裡並不是欺騙，而是一種策略性的安排。這讓我們看到，偽裝與真誠並不是對立的道德問題，而是力量運作的一部分。懂得偽裝的人，不一定是虛偽的，反而可能更接近真實，因為他知道如何主宰自己的表現。

真誠的危險

反過來說，過度的真誠也可能是危險的。當一個人過於追求完全透明，他可能會失去保護自己免受傷害的能力。尼采認為，這樣的「真誠」其實是一種天真甚至自我毀滅。因為人性本來就多層次，若要求徹底透明，便是在否認人性的複雜性。過度真誠的人，常常成為群體的犧牲品。這提醒我們，真誠並不是越多越好，而需要在合適的時刻展現。

辯證的動態平衡

因此，尼采把真誠與偽裝視為一種辯證的關係，而不是非黑即白的對立。兩者必須在動態中取得平衡。人需要真誠，因為真誠能讓他與自己保持連結；但人也需要偽裝，因為偽裝能讓他在社會中安全生存。辯證的關鍵在於：不要讓真誠變成愚蠢，也不要讓偽裝變成虛無。當真誠與偽裝彼此拉扯時，個體才能在矛盾中鍛造出更完整的自我。

尼采文體中的假面

尼采自己的文體，也展現了這種辯證。他以格言、隱喻、寓言來寫作，他的文字不是單純的真誠自白，而是一種藝術化的偽裝。他知道直接講出結論會失去力量，因此選擇以假面傳達真實。讀者必須在字裡行間中解讀，才能觸及他的核心思想。這種文體正是對「真誠與偽裝」辯證的實踐：文字的假面反而更接近真理。

當代社會的延伸

在現代社會中，真誠與偽裝的辯證更加複雜。社群媒體讓人不斷建構理想化的形象，看似透明的分享，其實常常是經過設計的偽裝。同時，人們也渴望真誠的連結，卻又害怕被暴露得太徹底。尼采的提醒在此仍然重要：不要被表象迷惑，因為真誠與偽裝從來不是對立，而是交錯。理解這點，能讓我們更冷靜地看待自己與他人，也更自由地使用假面，而不是被假面支配。

小結

真誠與偽裝交錯，辯證才是自我的真實狀態。

第六節　如何「成為自己」

問題的根源：為什麼「成為自己」困難

「成為自己」聽起來簡單，但在尼采眼中卻是最艱鉅的挑戰。因為我們從出生起就被各種外在力量塑造：家庭的期待、學校的教育、社會的標準、文化的價值。這些力量為我們描繪一幅「應該是誰」的藍圖，久而久之，我們便把這些外在定義當成自我。尼采提醒我們，若不經過拆解與重估，人往往只是「他人的總和」，而不是真正的自己。因此，「成為自己」的第一步，就是要意識到困難，並承認我們所謂的自我，大部分其實是借來的。

拒絕模仿的勇氣

尼采在《查拉圖斯特拉如是說》中強調，個體若要成為自己，必須敢於拒絕模仿。人類最常犯的錯，就是在無意識中模仿他人：模仿流行的價值、模仿成功的範本、模仿群體的期待。這樣的模仿能帶來短暫的安全感，但卻剝奪了真正的自我。尼采指出，真正的勇氣不是追隨，而是敢於拒絕。當我們能夠說出「不」，便意味著開始脫離他人的影子，踏上屬於自己的道路。

孤獨的必要性

「成為自己」必然會帶來孤獨。因為群體的秤往往提供安全感，而自我秤則意味著要承擔不被理解的風險。尼采在許多段落中描述「孤獨者」的形象，強調唯有在孤獨中，人才能真正與自己相遇。孤獨並不是懲罰，而是一種試煉。當一個人能忍受孤獨，他才有可能發現自己真正的聲音。若害怕孤獨，就只能依附於群體，無法展現真實的自我。

自我的矛盾性

尼采並不認為「成為自己」是一種單一的完成狀態。他強調，自我是矛盾的、多層次的，不可能被簡單定義。因此，成為自己並不是達到某種「固定的我」，而是持續與自己的矛盾共處。人性中既有力量，也有脆弱；既有創造，也有恐懼。接受這些矛盾，並在其中找到節奏，才是成為自己的真義。如果追求一個單純、一致的自我，只會陷入幻象。

成為自己的工法

尼采把「成為自己」看作一門工藝，而非自然的結果。他提出幾個具體的方向：第一，要進行語言的清理，把「應該」轉換成「我選擇」。第二，要進行價值的重估，刪除那些削弱生命的評價，強化能提升力量的評價。第三，要勇敢地實驗，不斷在行動中測試自己的可能性。這些步驟不是一次性的，而是持續不斷的工法。唯有如此，個體才能逐漸雕塑出獨特的自我。

永劫回歸的檢驗

尼采的「永劫回歸」思想，提供了一種檢驗方法：假如你的一生必須無限次地重複，你是否願意這樣活下去？這個問題迫使人誠實地面對自己的選擇。若答案是否定的，那麼代表你的生活並不是你真正的選擇，而是外在習俗的結果。成為自己，就是要活得能夠說「我願意讓這一刻無限次重來」。這不是形上學的信仰，而是一種倫理學的試金石。

超人作為理想

在尼采筆下，「超人」不是具體的角色，而是一個象徵性的理想。它代表一種能夠超越舊有價值、勇於創造新價值的人。成為自己，正是邁向超人的必經之路。當一個人能夠不再依附於傳統秤，而是打造屬於自己的秤，他就已經踏出了超人的第一步。這樣的過程沒有終點，而是一種持續的生成。尼采強調，超人不是「應該成為的模範」，而是「在成為自己的過程中誕生的可能」。

當代的挑戰

在今日，成為自己可能比尼采時代更難。現代社會提供了更多外在秤：財富、學歷、社群媒體的數據。這些標準不斷告訴人們應該追求什麼。許多人在追逐這些外在秤的過程中，漸漸失去了自己的聲音。尼采的提醒在此依然具有力量：真正的挑戰不是追求「別人認同的我」，而是創造「我認同的我」。在這樣的挑戰中，失敗是必然的，但失敗正是成為自己的過程的一部分。

成為自己的倫理意涵

「成為自己」並不是自私或放縱，而是一種更高層次的倫理。因為唯有當人能夠忠於自己，他才有力量去影響他人。若一個人只是依附於習俗，他所展現的也只是不斷重複的影子，無法帶來真正的啟發。成為自己，就是對生命負責的表現。這種倫理不是外在規範，而是內在力量。尼采要我們明白，忠於自己本身就是一種對世界的貢獻。

小結

成為自己，是一場持續不斷的工藝實驗，而非一次性的完成狀態。

第七節　自我作為一項工藝

自我不是天生的

傳統觀念常假設「自我」是一種與生俱來的本質：一個人一出生便已經有一個固定的靈魂或核心。然而，尼采不接受這種看法。他認為，自我是生成的，而不是注定的。換句話說，我們並不是在探索一個早已存在的「真正的我」，而是在不斷鍛造中形成「成為誰」。這讓自我更像是一項工藝，而不是一個已完成的物件。尼采要我們放棄「尋找自我」的幻覺，轉而培養「製造自我」的能力。

工藝的隱喻

把自我比作工藝，意味著它需要時間、技巧與耐心。工藝品不可能一蹴可幾，而是經過不斷雕琢、打磨、修正才逐漸成形。同樣地，人的自我也必須在經驗與試煉中慢慢塑造。尼采的文風充滿「工藝」的隱喻，他寫作本身也是一種鍛造：透過格言與斷章，他一再試探語言的邊界，彷彿在金屬上反覆敲擊。對尼采而言，生活與思考都是工藝的過程，而自我正是最重要的作品。

拒絕機械化的自我

若自我是工藝，那麼它必須避免被工業化或機械化。尼采批評現代社會傾向把人變成「齒輪」，依照既定的標準被大量製造。教育、職場、甚至家庭，往往試圖把每個人塑造成相同的樣式。這樣的自我就像工廠的產品，雖然整齊劃一，但缺乏獨特性。尼采要我們拒絕這種標準化，因為真正的工藝永遠強調「獨一無二」。每個自我都是專屬的作品，不能被簡化為量產的規格。

鍛造的痛苦

工藝的生成必然伴隨痛苦。金屬要成形，必須經過高溫與重擊；木材要被雕刻，必須承受切削與磨損。尼采同樣指出，自我也必須經過痛苦的試煉。疾病、孤獨、失敗與掙扎，都是鍛造自我的工具。很多人害怕痛苦，因此寧願保持原樣，但這樣的選擇只會讓自我停滯。尼采認為，真正的強者是那些能夠把痛苦轉化為力量的人。痛苦不是毀滅，而是雕刻。

自我作為藝術品

尼采的理想是：每個人都能把自己當成一件藝術品來創造。這不是自戀，而是一種正面的美學態度。藝術品之所以動人，不是因為它完美無瑕，而是因為它展現了獨特的風格。同樣地，人的自我也應該以風格為導向，而不是以標準為導向。尼采在《快樂的科學》中說過：「要成為自己風格的主人。」這意味著，我們應該專注於培養屬於自己的節奏、語言與態度，而不是追逐他人的範本。

工藝的持續性

與工業產品不同，工藝品從不真正完成。它可以在使用與欣賞中持續改變，甚至隨著時間而有新的痕跡。尼采將這種持續性延伸到自我：成為自己不是一次性的事件，而是一場不斷的工程。今天的你，與明天的你，總是不同的。重要的是，你是否持續在這條鍛造的路上。自我是一件活的工藝品，它的價值來自於不斷生成，而不是靜止不動。

對比傳統的「真我」概念

許多哲學與宗教都在尋找所謂的「真我」。這個真我被認為是純淨、穩定、永恆的核心。但尼采完全顛覆了這種想法。他指出，「真我」只是人類為了追求安定而發明的神話。真正的自我並不存在於一個永恆的核心，而存在於不斷的生成之中。若硬要追尋真我，只會陷入虛無，因為我們找不到一個固定的答案。尼采的工藝隱喻讓我們明白，自我不是被發現的，而是被製造出來的。

與藝術家的呼應

尼采常以藝術家作為自我的典範。藝術家面對空白畫布或未完成的石塊，必須在其中看見潛在的形象，並透過不斷嘗試來實現。這個過程正好呼應自我生成：我們的生命也是一張空白畫布，而我們的選擇、行動與經驗，都是繪製與雕刻的工具。

尼采認為，每個人都應該以藝術家的態度對待自己，把自我當作最重要的創作。這樣的態度，能讓人擺脫被動的模仿，走向主動的創造。

當代的啟示

在當代社會裡，「自我工藝」的思想更顯重要。現代人往往被數據與指標評價：薪水、學歷、社群媒體的按讚數。這些外在標準像是一種「流水線生產」，不斷塑造我們成為同樣的樣子。尼采的提醒是：別忘了把自己當成工藝，而不是產品。不要急於追求別人定義的完成度，而要專注於自己的獨特風格。這樣的態度，不僅能減少焦慮，也能讓生命更有創造力。

小結

自我是工藝，不是既定的實體；唯有持續鍛造，生命才能展現獨特風格。

第三章

權力意志：生命的推進力

第一節　權力不是支配

權力的誤解

在一般語言裡，「權力」常與壓迫、支配、階級、統治連結在一起。人們想到權力，便會浮現軍隊、政府、公司主管的形象。然而，尼采的「權力意志」並不僅止於這種外在的支配關係。他所關注的，是生命內在的推進力，是存在本身不斷向上、不斷超越的動能。若將權力理解為單純的控制，就會誤解尼采的用意。

生命的原動力

尼采主張，生命的核心不是追求快樂或避免痛苦，而是展現力量、擴張影響的衝動。這種衝動並不是冷酷的壓制，而是一種自發的生成。他觀察到，植物會向陽而生，動物會爭奪地盤，藝術家會追求突破，哲學家會挑戰思維的邊界，這些行為背後共同的動力，就是權力意志。它不是外在強加的規則，而是內在自發的能量。

權力與自由的關聯

如果將權力意志等同於支配，就容易把它與暴政混淆。但尼采的理解正好相反：真正的權力不是壓迫他人，而是展現自身的自由。當一個人能夠自我掌握、自我超越，他所展現的就是權力意志。支配只是權力的一種表象，卻不是權力的全部。

尼采提醒我們，若權力只用於控制他人，它很快就會腐化，因為那種權力無法長久維繫。只有內在的自由，才能讓權力成為生命的推進力。

權力與創造的區別

在《查拉圖斯特拉如是說》中，尼采把創造與權力意志緊密連結。他指出，強者的特徵不在於征服，而在於能夠創造新價值。這種創造本質上是一種給予，而不是奪取。奪取的權力注定有限，因為它依賴他人的屈服；創造的權力卻能持續，因為它來自生命本身的豐盈。尼采要人理解：若把權力局限於支配，我們就會忽略它的根本意義 —— 推動生命前進。

對社會秩序的挑戰

尼采對傳統社會秩序的批判，也與權力的誤解有關。社會往往把權力視為統治的工具，並將其合法化，要求人服從。這種權力關係固然能維持穩定，但卻壓抑了個體的創造力。尼采認為，若把權力還原為生命的意志，那麼社會就必須允許個體的差異與超越。這種觀點挑戰了傳統的服從倫理，也使尼采的思想充滿爭議。

權力與倫理的轉向

傳統倫理多半以「善惡」為基準來衡量行為，尼采卻提出另一種角度：衡量行為是否增強生命的力量。若一個行為只是為了壓制他人，長遠來看，它會削弱生命的豐富性；若一個行為能激發新的可能，即使看起來冒險，它也符合權力意志。這種倫理轉向，讓人不再依賴外在的標準，而是回到生命本身的強度。

權力的內在化

尼采強調，權力的真正舞臺不是他人，而是自己。當一個人能戰勝自身的恐懼、惰性與矛盾，他展現的正是最真實的權力意志。外在的支配往往短暫，內在的超越才是持久的力量。尼采的超人理想，正是權力意志的極致展現：一個人不依靠舊有價值，而能創造新價值，這正是最高形式的權力。

當代意義

在今日，尼采的提醒仍具啟發性。許多人誤以為權力就是職位、財富或影響力，於是陷入無止境的競爭。但尼采告訴我們，真正的權力不在於外在標籤，而在於是否能不斷自我超越。當我們能拒絕模仿，敢於承受孤獨，勇於實驗新生活方式，我們就已經展現了權力意志。這種力量並不需要建立在他人的屈服之上，而是來自生命的自我推進。

小結

權力不是支配他人，而是生命自我超越的展現。

第二節　生命的上行衝動

上行與下行的對比

尼采觀察生命時，最重要的洞見之一就是「上行」與「下行」的差別。下行代表著退縮、逃避、渴望安穩與放棄創造；上行則象徵著衝破限制、面向更高、更強、更廣闊的境地。許多哲學與宗教傾向讚美退隱與安定，把「平靜」當成理想。然而，尼采強調，真正的生命力量總是帶有上行的傾向。植物會朝陽光伸展，河流會衝破阻礙奔向大海，人類的心靈也應該如此，持續向上。

權力意志的自然展現

「上行衝動」其實就是權力意志最自然的表現。尼采在《查拉圖斯特拉如是說》中以隱喻形容，人類就像弓上的箭，內在的張力驅使我們飛向更高。這種上行並不是外在命令，而是生命自身的節奏。若一個人只追求安逸，他看似避免了痛苦，卻同時也放棄了力量。尼采指出，真正的危機不是遭遇挑戰，而是失去上行的意志。

苦難的正面角色

在上行的過程中，苦難不是阻礙，而是助力。尼采在《快樂的科學》中明言：「凡不能毀滅我的，必使我更強大。」這句話正是對上行衝動的最佳詮釋。痛苦與挫折往往迫使人超越原本的自己，讓生命獲得新的厚度。若一味追求安穩，便等於拒絕了成長。尼采要人理解，苦難不是敵人，而是雕刻師；它讓我們的生命更加銳利，推動我們上行。

對抗平庸的力量

現代社會的最大誘惑，是提供一種平庸而安逸的生活。固定的職業、穩定的收入、可預測的節奏，這些表面上看似安全，但在尼采眼中卻是一種「下行」。因為它讓人失去冒險的勇氣，讓自我逐漸被同化。上行衝動就是要拒絕這種麻痺，敢於承擔風險。這不意味著要魯莽，而是要在選擇中持續挑戰自己，避免陷入平庸的陷阱。

超越自我的必要

尼采強調，上行並不是與他人比較，而是與「舊的自己」競爭。昨天的我，必須成為今天的對手；今天的我，必須為明天的我創造舞臺。這樣的持續超越，正是上行衝動的核心。若一個人只滿足於現狀，他就等於停止了生命的流動。尼采把這種態度稱為「自我超克」(self-overcoming)，即不斷否定並超越自己。上行不是結果，而是一種永續的過程。

藝術與文化中的上行

藝術創作正是上行衝動的具體展現。藝術家之所以不斷嘗試新風格，不是因為外在要求，而是因為內在的推進力。尼采在早期研究希臘悲劇時，就看見藝術如何讓人超越苦難，把悲傷轉化為美感經驗。文化若要繁盛，也必須保持上行的姿態。當文化停滯於傳統與模仿，它便逐漸衰敗。唯有持續上行，文化才能維持生命力。

與宗教理想的分歧

傳統宗教經常提倡「超脫」與「安息」，強調人應該擺脫欲望、追求平靜。尼采認為，這種理想其實是「下行」的形式，因為它否定了生命的衝動。他主張，我們應該擁抱生命的張力與不安，而不是試圖消除它們。上行衝動不是尋求安息，而是迎接挑戰。這讓尼采的思想與傳統宗教形成鮮明對比，他要的不是天堂的平靜，而是地上的強度。

上行的現代啟示

在今日，上行衝動依然是一種必要的提醒。現代人常陷於舒適圈，害怕改變，害怕失敗。然而，正是這種害怕，使我們失去了成長的契機。尼采的觀點鼓勵我們，把生命當作一個持續上行的實驗。無論是學習新技能、挑戰新領域，還是面對困境時選擇承擔，這些行動都是上行的展現。當我們願意冒險，願意接受挫敗，我們便在實踐上行衝動。

小結

生命的真正力量，在於持續上行，而非停留於安逸。

第三節　意志與創造的關係

意志不是生存本能

在許多傳統哲學與科學理論中，「意志」往往被解釋為一種生存本能：人之所以行動，是因為想維持生命，避免死亡。達爾文的演化論便強調適應與存活。然而，尼采認為，若僅把意志理解為「生存本能」，就過於狹隘。他主張，人類的根本衝動不是僅僅活下去，而是要創造、要超越。意志並不是消極的「保命裝置」，而是一種積極的「生成力量」。這正是他提出「權力意志」的核心原因：生命的真正目標不只是延續，而是創造新的價值與形式。

創造作為意志的展現

尼采觀察到，人類在各種行為中都表現出創造的傾向。藝術家在畫布上揮灑新意，哲學家在語言中開闢新概念，探險者在地圖之外尋找未知領土。這些行動背後都有一個共同特質：他們不是滿足於現狀，而是推動現狀往前。尼采認為，這些創造行為並不是偶然的，而是生命意志的自然流露。當意志被壓抑時，人就會陷入停滯與頹廢；當意志得以創造時，人就會展現旺盛的力量。

拒絕模仿與重複

創造的意志意味著拒絕單純的模仿。尼采批判那些只會複製傳統的哲學與道德，認為它們沒有展現真正的生命力。模仿或許能帶來安全感，但它同時扼殺了生成。真正的意志不會滿足於複製，而是要在既有秩序中找到突破口。尼采在《快樂的科學》中寫道：「我們要成為新的立法者，而不是守舊的司祭。」這句話正說明，意志的力量體現在能否創造，而不是僅僅遵循。

創造需要否定

尼采同時提醒，創造並不意味著天真地累積，而是伴隨著否定。每一次真正的創造，都必須先打破既有的秩序。就像雕刻家必須先去除石頭的多餘部分，創造新價值之前必須先否定舊價值。這也是為什麼尼采經常以「毀滅者」來形容哲學家，因為只有敢於毀滅的人，才有資格建立新的秩序。創造不是盲目的衝動，而是一種帶有破壞性的建設。

意志與美學的連繫

尼采早期在《悲劇的誕生》中便已指出，藝術是生命意志的重要體現。他認為藝術之所以珍貴，不是因為它帶來娛樂，而是因為它能讓人看到「生成的力量」。音樂、悲劇、詩歌，這些創造活動都是意志的具象化。藝術家能夠忍受痛苦，因為他知道痛苦是創造的養分。這與日神與酒神的二元張力相呼應：節制與狂喜相互拉扯，才生出真正的作品。尼采藉此說明，意志與創造不可分割。

自我作為創造的工地

尼采並不把創造僅限於藝術，他認為「自我」本身就是最重要的創造品。人不應被動接受社會給予的身分，而應主動把自己當作工地來建設。這種態度與前一章「自我作為工藝」呼應。意志驅使人不斷修正與雕刻自己，直到形成獨特的風格。尼采提醒我們，成為自己並不是被動地「發現本質」，而是主動地「創造本質」。這正是意志與創造最緊密的結合點。

虛無主義的挑戰

尼采提出「意志與創造」的關聯，也是在對抗虛無主義。當上帝已死、傳統價值崩壞時，人很容易陷入空洞，認為一切都沒有意義。若此時仍把意志理解為「維持生存」，那麼虛無感將無法消解。唯有把意志與創造連結，虛無才可能轉化為契機。因為沒有固定的價值，反而給了人創造新價值的可能。這正是尼采的立場：虛無不是終點，而是新的創造起點。

當代生活的啟示

在現代社會中，尼采的觀點依舊重要。許多人雖然活著，但感覺只是「在被動地過日子」。這種狀態就是意志被削弱的表現。若能把生活當作創造的場域，我們就能重新找回力量。這不需要成為偉大的藝術家或哲學家，任何人都能透過工作、關係、興趣來展現創造的意志。重點不在於成就大小，而在於是否在行動中展現生成的力量。尼采提醒我們，每一個具體選擇都能是創造的契機。

小結

意志唯有轉化為創造，才能避免停滯，成為推動生命的真正力量。

第四節　權力與價值的生成

價值並非天啟

在人類歷史上，許多文化相信價值來自超越性的來源：宗教認為善惡由上帝決定，哲學認為真理存在於理念或理性之中。這些觀點共同的假設是：價值是先驗的、不變的。尼采對此提出挑戰，他認為價值並不是自天而降的命令，而是生命在權力意志的運作中產生的結果。當一個群體需要維持秩序，它便創造相應的價值；當一個人渴望超越自我，他也會創造符合自己力量的價值。價值不是固定的法則，而是一種生成。

權力如何塑造善惡

尼采在《道德系譜學》中追問「善」與「惡」的起源，他發現這些詞最初並不是道德判斷，而是權力的標記。「善」原本意味著高貴、強大、能夠主宰；「惡」則意味著低劣、軟弱、卑下。後來，當弱勢群體反抗強者時，語意發生了逆轉：「善」變成溫順、謙卑、「惡」則成為殘酷、強大。這樣的轉換顯示，價值其實是權力角力的結果。誰能掌握語言，誰就能定義價值。善與惡並沒有永恆的意義，而是隨著權力關係而變動。

價值的動態性

如果價值是權力意志的產物，那麼它必然是動態的，而非靜態的。當一個文明的力量衰退，它的價值體系也會逐漸瓦解；當新的力量崛起，它就會建立新的價值。例如，文藝復興的興起打破了中世紀基督教的價值觀，強調人的尊嚴與創造力。這正是權力意志在歷史中的展現。尼采提醒我們，不要把任何價值視為永恆不變，而要學會看見它背後的生成過程。

主人道德與奴隸道德

尼采提出「主人道德」與「奴隸道德」的區分，正是說明權力如何生成價值。主人道德是強者的價值體系，它肯定力量、勇氣、豪放與獨立；奴隸道德則是弱者的反動，它讚美謙卑、忍耐、憐憫，並將強者標籤為邪惡。兩者看似對立，其實都源自權力意志。主人透過創造來表現力量，奴隸則透過逆轉語言來表現抗爭。這說明價值不是來自抽象原則，而是來自權力的運作。

價值與生命力的關聯

尼采衡量價值的標準，不是看它是否符合某個超越法則，而是看它是否增強或削弱生命的力量。若一種價值讓人更有勇氣去承擔挑戰，它就符合權力意志；若一種價值讓人退縮、恐懼、陷入自卑，它就削弱了生命。這樣的衡量方式與傳統倫理完全不同，它不是「善惡判斷」，而是「力量判斷」。尼采的觀點大膽卻具啟發性：價值的生成與生命力息息相關。

語言作為價值的工具

尼采也指出，語言是權力生成價值的重要工具。誰能定義詞語，誰就能掌握價值的框架。例如，「正常」這個詞本身就具有規範力，因為它劃定了誰屬於群體、誰被排除。尼采要我們警覺語言中的陷阱，因為語言不是中立的，它往往是權力運作的載體。當我們接受某個詞彙的價值判斷時，我們其實已經接受了某種權力秩序。拆解語言，是理解價值生成的重要步驟。

虛無主義的挑戰

既然價值是生成的，那麼當舊價值瓦解時，人很容易陷入虛無主義：既然沒有永恆的標準，那麼一切都沒有意義。尼采對此並不否認，但他認為這正是一個契機。虛無不是終點，而是重估一切價值的起點。當人類明白價值來自權力意志，就能主動地創造新價值，而不是等待外在的秤來稱量。這樣的態度能把虛無轉化為新的動力。

個體的責任

尼采強調，價值不僅在群體中生成，也在個體中生成。每一個人都能透過選擇與行動，創造屬於自己的價值體系。當我們拒絕被動接受外在的標準，而開始建立「我選擇」的語言時，我們就在生成價值。這種責任雖然沉重，但也是自由的真正基礎。因為沒有任何外在力量能替我們最終決定意義，唯有我們自己能創造。

當代的延伸

在現代社會，價值的生成依舊受到權力影響。廣告塑造了「美」的標準，市場決定了「成功」的定義，社群媒體則以數字來衡量「受歡迎」。這些都是權力運作下的新價值。尼采的觀點提醒我們，這些標準並不是天生的，而是可以被挑戰的。若我們能意識到價值的生成，就能避免被外在標準完全操縱，進而嘗試創造新的價值。

小結

價值不是天啟，而是權力意志在生命中不斷生成的結果。

第五節　競爭與超越的正向意義

競爭的兩種面貌

在大多數文化裡，「競爭」常帶有負面印象，被視為衝突、嫉妒、壓迫的來源。然而，尼采提醒我們，競爭並非單一形態。它有兩種面貌：一種是負面的，建基於怨恨與比較，只想壓低對方；另一種則是正面的，基於力量的充盈，透過挑戰讓自己不斷提升。前者是奴隸道德的表現，後者則是主人道德的實踐。理解這兩種面貌，才能看清競爭在生命中所扮演的角色。

競爭作為生命的推動力

尼采觀察到，自然界充滿競爭：動物爭奪地盤，植物爭取陽光，甚至文化與思想也在彼此較量。若沒有競爭，生命便會停滯。對尼采而言，競爭不是附屬現象，而是權力意志的展現。它讓力量在碰撞中顯現，也讓個體在挑戰中成長。消除一切競爭的社會，可能表面上和諧，但實際上卻失去了活力，陷入停滯與衰退。

超越自己而非壓制他人

尼采特別強調，真正的競爭對手並不是他人，而是「昨天的自己」。若競爭只是為了打敗他人，那麼最終的結果往往是淪為比較與仇恨，陷入奴隸道德的陷阱。而當競爭的目標轉向自我超越，它便能成為正面力量。超越自己意味著持續成長，意味著不斷追求更高的境界。這樣的競爭才是真正正向的，因為它讓生命保持上行，而不是陷入怨恨的下行。

友敵的意義

尼采在作品中多次提到「朋友」與「敵人」的辯證。他認為，真正的朋友也是一種敵人，因為朋友能指出我們的缺陷，逼迫我們成長。沒有挑戰性的朋友，只會提供安慰，卻無法帶來超越。相反地，能夠成為「友敵」的人，會在關係中提供磨練的力量。這種競爭不是毀滅性的，而是建設性的。它讓人保持清醒，避免陷入自滿。

怨恨心理的危險

尼采警告，競爭最危險的形式就是怨恨。當人缺乏創造的力量時，他會透過貶低他人來獲得優越感。這種怨恨心理不僅無助於自我成長，還會拖垮生命力。怨恨者的快感來自「他人變得更差」，而不是「自己變得更好」。尼采把這種心態視為奴隸道德的典型表現。真正的強者不需要透過他人的失敗來證明自己，他的價值來自內在的創造與超越。

競爭與文化繁榮

在文化層次上，競爭同樣扮演推動力的角色。希臘城邦時期的藝術與哲學繁榮，部分原因就在於多個城邦彼此競爭，促使思想不斷進步。尼采在研究希臘文化時便注意到，競爭在適度時能產生創造力，而非僅僅帶來衝突。當一個文化停止競爭，它也往往逐漸僵化。這一觀點對現代社會依然適用：競爭若能引導向上，它就能帶來文化的活力。

超越與價值重估

競爭的最終目的，不應只是勝敗，而應指向價值的重估。當人透過競爭而超越自己，他就會開始質疑舊有的標準，並建立新的價值。這正是尼采所說的「立法者」的角色。立法者不是單純的贏家，而是能夠在競爭中創造新秩序的人。這樣的超越超出了勝敗，進入創造的領域。競爭因此成為價值生成的重要契機。

現代的反思

在當代，競爭常常被誤用。許多職場與教育體系把競爭簡化為排名與數字，結果讓人陷入焦慮與自卑。這種競爭並不是尼采所說的正向力量，而是一種消耗性的比較。尼采的提醒在此尤其重要：不要把競爭的價值交給外在標準，而要把它轉向自我超越。唯有如此，競爭才能成為推動生命的引擎，而不是耗盡力量的陷阱。

小結

競爭的正向意義，在於超越自己並創造新價值，而非僅僅壓制他人。

第六節　對抗停滯的力量

停滯的隱形危機

在人類社會中，許多人以「穩定」為目標，將安逸、固定與不變視為理想。然而，尼采認為，穩定若演變為停滯，就成了生命的危機。因為生命本質上是流動的，是持續生成的。當人追求過度的安定，他其實是在拒絕生命的運作。這種停滯並不會帶來真正的安全，反而會逐漸削弱意志，使個體失去創造與超越的能力。尼采警告，停滯是一種不易察覺卻致命的病。

權力意志與動態性

尼采提出「權力意志」的概念，正是要凸顯生命的動態性。權力意志不是靜態的財產，而是持續的展現。它要求不斷的推進、不斷的試驗。如果一個人停留在既有成就，或安於外界給定的身分，那麼他的權力意志便逐漸枯竭。尼采認為，真正的力量不是累積成果，而是持續生成。對抗停滯，就是要讓權力意志保持流動，避免生命陷入僵化。

停滯與虛無的連結

尼采同時指出，停滯與虛無主義密切相關。當人停止追問與創造，他便會依附於既有的價值秤。這種依附表面上能提供穩定感，但當舊價值崩壞時，人就會徹底失去依靠，陷入虛無。停滯因此不是安穩，而是虛無的前奏。唯有保持動態，持續重估價值，人才能避免被虛無吞沒。這也是尼采不斷強調「重估一切價值」的原因。

停滯的社會機制

尼采觀察到，社會往往鼓勵停滯。教育制度訓練人重複既有知識，職場要求人服從既定規範，宗教則透過道德律令維持群體秩序。這些機制都強調穩定與服從，而非創造與超越。尼采認為，這些制度雖能短期維持秩序，但長遠來看卻抑制了生命的力量。當一個文化過度追求停滯，它最終會衰敗，因為它失去了再生的能力。

對抗停滯的個人態度

對個體而言，對抗停滯首先需要意識。人必須承認，安逸雖然舒適，但同時帶有危險。尼采建議人們要培養一種「實驗的精神」，把生活當作不斷試探的場域。這意味著要敢於改變習慣，敢於挑戰既有的自我認知。哪怕失敗，也比停滯更接近生命的本質。因為失敗至少代表你在嘗試，而停滯則意味著你已經放棄。

苦難作為動能

尼采認為，對抗停滯的最佳方式之一，就是擁抱苦難。痛苦往往迫使人改變，推動人離開原地。若一個人能夠將苦難轉化為動能，他就不會陷入停滯。尼采著名的語句「凡不能毀滅我的，必使我更強大」，正是對此的最佳詮釋。苦難不是要人退縮，而是要人升級。當人能以正面態度面對苦難，他的生命將不斷推進，而非停滯。

藝術與文化的更新

在文化層次上，藝術也是對抗停滯的重要力量。藝術能打破習慣性的思維，讓人看見新的可能。尼采早期研究希臘悲劇時，就發現悲劇藝術能讓人面對苦難而不退縮，從而避免文化的僵化。若一個文化缺乏藝術的活力，它就會陷入停滯。藝術之所以重要，不只是因為它帶來美感，而是因為它能夠防止文化死亡。

當代的挑戰

在當代社會，停滯的危險依然存在，甚至更加隱蔽。科技與市場提供了前所未有的便利，使人容易沉溺於舒適圈。不少人以為這就是進步，但實際上，若缺乏創造與挑戰，這些便利只會讓人更加被動。尼采的提醒在此格外重要：不要把安逸誤認為幸福。真正的幸福來自生命力的擴張，而不是停滯的安全。

小結

對抗停滯，就是讓生命保持生成，讓權力意志持續流動。

第七節　權力作為生命肯定

對權力的偏見

一般人在聽到「權力」時，往往立刻聯想到控制、壓迫或腐化。權力似乎與生命背道而馳，因為它代表不平等與暴力。然而，尼采要我們重新理解這個詞。他認為權力意志並不是外在強加的壓制，而是生命內在的推進。若把權力僅僅視為負面力量，就等於忽略了生命本身的脈動。尼采要人擺脫這種偏見，重新看見權力作為生命肯定的正面意義。

權力意志即生成

尼采主張，生命不是靜態的存在，而是不斷生成的過程。而這個生成的動力，就是權力意志。權力不是附加於生命之上，而是生命的本質。植物會向上生長，動物會爭取地盤，藝術家會創造新風格，哲學家會挑戰舊思想，這些行為的共通點就是「推進」。因此，權力意志不是外來的工具，而是生命自己展現自身的方式。當我們承認權力的這一面，我們便承認生命的肯定性。

對抗虛無的力量

在「上帝已死」的時代，許多人陷入虛無主義，認為生命毫無意義。尼采指出，若我們仍依賴舊價值的支撐，就必然會感到空洞。但若把權力意志視為生命的核心，就能找到新的立足點。因為生命本身就是推進與創造，它不需要外在的終極目的。承認權力意志，等於承認生命自身的價值，而這正是對抗虛無的方式。權力在這裡不再是壓迫，而是抵抗空洞的肯定力量。

肯定痛苦與挑戰

生命的肯定不意味著拒絕痛苦，而是承認痛苦在生成中的角色。尼采提醒我們，權力意志必然包含衝突、挑戰與失敗，因為只有在這些狀態下，力量才會被逼出來。若一個人只追求安逸，他其實是否定了生命。真正的生命肯定是：即使面對苦難，仍能說「我願意」。這種態度將痛苦轉化為資源，把挑戰視為助力。權力意志因此成為對生命的擁抱，而非退縮。

永劫回歸的試煉

尼采的「永劫回歸」思想，正是檢驗生命是否被真正肯定的方法。假如生命中的一切都要無限次重複，你是否能說「是」？若答案是否定的，代表你的人生是被動的、停滯的；若能肯定，則代表你已經把生命當作創造來擁抱。這個試煉並不是理論上的假設，而是一種實踐態度。它迫使人直視生命的全部，甚至包含痛苦，並仍然選擇肯定。權力意志在此具體化為「說是」的姿態。

超人的姿態

尼采筆下的「超人」並不是冷酷的支配者，而是能徹底肯定生命的人。超人不是把權力用於壓制他人，而是把權力用於創造。這種創造不依賴舊有的價值，而是敢於建立新的價值。超人之所以強大，不是因為他擁有外在的權勢，而是因為他能對生命說「是」。在超人的身上，權力意志完全轉化為生命的肯定。這是一種開放的姿態，而非壓迫。

權力與倫理的轉化

傳統倫理經常把權力與道德對立起來，認為強者必然是邪惡的，弱者則是善良的。尼采挑戰這種二分法，他主張衡量一種行為是否值得，不在於它是否合乎舊道德，而在於它是否增強了生命的力量。若權力能推動創造與超越，那麼它就是一種生命的肯定；若權力只是壓迫與剝奪，那麼它就削弱了生命。尼采的轉化讓倫理不再依附於善惡對立，而回到生命力的強度。

當代的應用

在現代社會中，許多人仍把權力視為負面。職場中的升遷被看成是權力遊戲，政治中的競爭被看成是鬥爭。然而，若依尼采的觀點，真正的權力應該體現在創造新可能。當一個人能夠挑戰舊框架，創造新秩序，他所展現的正是生命的肯定。這提醒我們，不要害怕權力，而要重新理解並善用它。唯有如此，權力才能成為推動生命的力量，而不是腐化的工具。

小結

權力意志並非壓迫，而是生命在創造與肯定中的自我展現。

第四章

超人：超越舊我的存在

第一節　超人概念的由來

問題的開端：上帝已死

尼采提出「超人」概念，背後的起點是他著名的宣告：「上帝已死。」這不是單純的無神論，而是一種文化診斷。尼采看見十九世紀的歐洲，在科學進步、啟蒙運動與理性批判下，傳統基督教的價值逐漸崩潰。過去人類依靠上帝作為意義的來源，但如今上帝的威信已被削弱，價值的基石開始動搖。在這樣的情況下，人面臨虛無：沒有超越性的秤，該如何衡量人生？「超人」的概念，正是為了回應這個文化斷層。

對人類的挑戰

當上帝死去，舊有的道德框架不再可靠，人類陷入兩難：要麼沉淪於虛無主義，認為一切都毫無意義；要麼勇敢地創造新的價值。尼采拒絕前者，他認為真正的挑戰是後者 —— 人必須學會自己立法。這不只是倫理問題，更是存在論問題：人不能再依賴超越性的秩序來給予意義，而必須從自身生命中創造意義。超人正是這種勇氣與力量的象徵。

查拉圖斯特拉的宣告

「超人」最完整的形象出現在《查拉圖斯特拉如是說》。在這部詩化的哲學書中，尼采透過查拉圖斯特拉之口宣布：人是一條繩索，懸掛在動物與超人之間，是一個過渡與實驗。查拉圖斯特拉要人理解：人類不是最終的目的，而是一種橋梁。超人並不是人類的「完成形」，而是對人類自身局限的超越。這樣的宣告打破了人類中心主義，把人類放在生成的進程之中，而不是終點。

超人與進化的差別

值得注意的是，尼采的「超人」不同於達爾文式的「演化論」。演化論強調適者生存，生物在自然選擇中逐漸演化。但尼采的超人不是單純的自然產物，而是價值的創造者。進化是生物學的過程，而超越是精神的、文化的過程。超人不只是更強壯或更聰明的人，而是能夠立法、能夠創造新價值的人。這種超越不是必然的，而是需要意志與勇氣。

對虛無主義的回應

虛無主義的危機在於：當舊價值崩潰後，人很容易陷入消極，選擇放棄意義。尼采看見這種危機，並提出超人作為回應。超人代表一種姿態：不是哀悼上帝的死，而是將其視為新時代的開端。沒有上帝，就意味著沒有外在限制；這給了人類一個契機，去創造屬於自己的意義。超人因此是虛無的解藥，是一種肯定生命的形象。

超人的文化背景

尼采生活的時代，正處於現代性的轉折點。工業化、都市化、民族主義興起，舊有的宗教秩序被動搖，新的秩序卻尚未建立。這種混亂使得許多人尋求安慰於群體、道德與傳統。然而，尼采選擇逆向思考：正因為舊秩序崩潰，才有機會誕生新的人。超人不是空想，而是對時代需求的回應。它提醒人類：不要回頭尋求失落的天堂，而要勇敢迎向尚未出現的未來。

超人作為價值創造者

超人的核心特徵，就是能夠創造價值。他不依賴傳統的道德律令，而能夠以自己的生命為尺度，決定什麼值得、什麼不值得。這樣的創造不只是個人選擇，而是一種普遍的啟發，能夠引領他人走出虛無。尼采稱這樣的人為「立法者」。立法者不是獨裁者，而是創造者，他的力量來自生命本身的豐盈，而非外在的強制。

超人與永劫回歸

「超人」與「永劫回歸」緊密相連。永劫回歸是尼采提出的試煉：假如一切都要無限重複，你是否願意肯定生命？超人就是那個能夠說「是」的人。因為他把生命視為創造，而不是負擔。即使一切苦難都要重複，他仍願意接受。這樣的態度展現了徹底的生命肯定。超人因此不是理論上的理想，而是一種實踐的姿態：對生命的全部說「是」。

當代的啟示

在今日，「超人」的意義依然鮮活。現代人常困於價值多元與相對主義，不知該依循哪一種標準。尼采的提醒是：不要等待外在的秤，而要學會成為自己生命的立法者。當社會提供無數指標——財富、學歷、地位、數據——超人就是那個能夠拒絕單一標準，並創造新價值的人。這種姿態讓人避免陷入虛無，也避免被既有框架完全吞沒。

小結

超人並非英雄的神話，而是對虛無主義的回應，是人類作為價值創造者的象徵。

第二節　超人不是英雄主義

超人與英雄的混淆

在許多讀者的直覺裡，尼采的「超人」很容易與「英雄」混為一談。英雄通常被描繪成戰場上的勝利者、民族的救星、犧牲奉獻的偉人。由於這樣的文化想像太過強烈，許多人便以為超人就是英雄主義的另一種說法。然而，尼采的超人卻與英雄大不相同。英雄是群體的產物，常常在群體需要時被塑造；超人則是自我的產物，他的核心不在於服從群體，而在於創造新的價值。

英雄的外在與超人的內在

英雄的特徵在於外在，他的榮耀需要群體的見證與喝采。英雄若沒有舞臺，就難以彰顯其存在。但超人卻不同，他的力量來自內在的生命肯定，而非外在的掌聲。超人即使在孤獨中，也能保持創造力。尼采筆下的超人並不尋求群體的認可，因為群體本身仍舊依附於舊價值。超人超越的對象，不是外部的敵人，而是人類內部的限制與虛無。

犧牲的差異

英雄往往以犧牲自我來成就他人或群體，這樣的犧牲是道德化的，是一種符合既有倫理框架的行為。然而，尼采認為這樣的犧牲仍屬於舊價值的延伸。超人的犧牲不是為了群體，而是為了生成新的價值。若一個人僅僅是為了他人而放棄自己，那麼他依舊活在「他人價值」的框架裡。超人的犧牲更接近於「燃燒自己以開創新的秩序」，這是一種創造性的捨棄，而非單純的奉獻。

群體的英雄 vs. 個體的超人

英雄的定位往往與群體的利益緊密相連。國家需要英雄來凝聚人心，社會需要英雄來維持秩序。但尼采強調，超人不必然服務於群體。超人可能甚至會成為群體的對立面，因為他拒絕群體的既定價值。英雄通常強化舊秩序，超人卻往往推翻舊秩序。從這一點來看，英雄與超人幾乎是對立的：一個是守護者，一個是開創者。

英雄的模仿性

英雄之所以能被群體接受，是因為他仍在既有價值的框架中扮演角色。他的「偉大」往往來自符合群體標準：勇敢、忠誠、犧牲。這些特質雖值得敬佩，但在尼采看來，仍然是舊道德的變形。超人則完全不同，他不尋求模仿，而是自我立法。超人不需要依靠既有的美德來證明自己，他的價值來自於創造新秩序。這就是為什麼尼采不願意把超人與英雄主義混為一談。

超人的孤獨

英雄幾乎從來不是孤獨的，他的存在需要群體的讚美。然而，尼采筆下的超人卻是孤獨的旅行者。他必須承受不被理解的風險，因為群體多半抗拒新價值。超人的孤獨不是失敗，而是一種必然。只有在孤獨中，個體才能夠聽見自己的聲音，才能夠在沒有群體依靠的情況下創造。這樣的孤獨，也使得超人更接近於哲學家與藝術家，而非傳統意義的英雄。

超人與群體幻想的分歧

英雄主義往往成為群體的幻想工具。當群體感到恐懼或焦慮時，它會塑造英雄來寄託希望。然而，超人不承擔這樣的角色。他不是安慰劑，而是挑釁者。他的存在提醒人類：我們不能依賴外在救星，而必須自己成為價值的創造者。超人因此不是民族神話，而是一種存在姿態。這種分歧讓超人比英雄更難被群體接受，但也更具顛覆性。

當代的誤讀

在當代文化中，尼采的「超人」經常被誤解。有人把它等同於民族主義的英雄，有人甚至誤用它來合理化獨裁或暴力。這些解讀都違背了尼采的本意。超人並不是強者壓迫弱者的藉口，而是個體對生命的徹底肯定。當我們把超人誤解為英雄主義時，就會把他縮減為群體的工具。尼采要我們明白：超人的力量來自創造，而不是征服。

當代的啟發

今日若要理解超人，就必須拒絕英雄主義的窠臼。現代社會仍在尋找偶像與領袖，期待有人替自己承擔意義。但尼采提醒我們，真正的挑戰不是等待英雄，而是學會自己成為價值創造者。這意味著：不要依賴他人的標準，不要等候救世主，而要在自己的生命裡生成新的秩序。超人不是少數人的特權，而是每個人都可能實踐的姿態。

小結

超人不同於英雄主義，他不是群體的救星，而是孤獨的價值創造者。

第三節　如何理解「超越」

「超越」不是逃避

在許多宗教與哲學傳統裡，「超越」常被理解為脫離現實，追求某種彼岸世界。超越意味著拋棄塵世，朝向神聖或永恆。但尼采拒絕這種解釋。他認為，真正的超越不是背離世界，而是深入世界。若一個人想要透過逃避來獲得救贖，那麼他其實是否定了生命。尼采的超越概念，是徹底的「此世」立場：不逃避，而是在現實中創造新的高度。

自我超克的核心

尼采的「超越」最核心的意涵就是「自我超克」。這不是戰勝他人，而是戰勝自己。昨天的我，必須成為今天的對手；今天的我，必須成為明天的基礎。超克意味著不斷質疑與突破，不讓自我陷入停滯。尼采指出，最大的敵人不是外部環境，而是自我內部的懶惰、恐懼與依附。唯有能夠持續超克自我，個體才可能真正「超越」。

超越與生成的連結

在尼采的語境中，「超越」與「生成」密不可分。生成意味著持續變動，超越意味著持續提升。它們共同指向一種開放的存在，而不是固定的終點。這樣的超越不會帶來一勞永逸的完成，而是永無止境的過程。尼采在《查拉圖斯特拉如是說》裡形容人是一條繩索，懸掛在動物與超人之間，這正顯示超越是一個過渡。人類不是終點，而是橋梁。

超越與痛苦

要理解尼采的超越，就不能忽略痛苦的角色。超越不可能在安逸中完成，因為安逸只會帶來停滯。唯有痛苦能迫使人脫離舊有的自己，推動他邁向新的層次。尼采並不浪漫化痛苦，他清楚知道痛苦是真實的折磨。然而，他也指出，痛苦正是超越的必要條件。當一個人能夠承受並轉化痛苦，他就已經在實踐超越。

超越與道德的距離

傳統道德往往把超越理解為「變得更善良、更道德」，但尼采拒絕這種說法。他認為這樣的超越只是舊秩序的延伸。真正的超越不是加強舊價值，而是創造新價值。這意味著，超越往往會顛覆既有的善惡框架。對尼采而言，「善」與「惡」不是固定的尺度，而是權力意志的生成。超越因此不是道德的升級，而是對道德框架的突破。

超越與藝術家的姿態

尼采常以藝術家作為超越的典範。藝術家面對空白畫布，必須突破過去的形式，才能創造新作品。這個過程充滿不確定性，也必然伴隨挫折。然而，正因如此，它展現了超越的本質：不斷打破舊的秩序，生成新的秩序。尼采提醒我們，每個人都應以藝術家的態度面對自己，把生命當成作品來不斷超越。這樣的生命才是真正活著，而不是僅僅存活。

超越與永劫回歸

永劫回歸的思想，也能幫助理解超越。當一切都要無限重複時，一個人是否願意肯定這種生命？若能肯定，就意味著他已經超越了虛無。因為他不再需要外在的救贖，而能在當下看見意義。超越因此不僅是行動上的突破，也是存在上的轉變。它讓人不再逃避生命，而是擁抱生命。

當代的意義

在今日，超越的思想仍具啟發性。現代社會充斥著標準化與重複，許多人在固定的模式中感到窒息。尼采的提醒是：不要害怕突破舊的自己。哪怕代價是孤獨與不安，超越仍然比停滯更貼近生命。這種態度可以應用在職場、關係、學習、藝術，甚至日常生活。重點不在於成就大小，而在於是否保持生成與超克。

小結

超越不是逃避彼岸，而是此世中的自我超克，是不斷生成與創造的生命姿態。

第四節　人類的過渡性

人不是完成品

在大多數宗教與哲學傳統裡，人類被視為世界的中心與完成的存在。例如基督教認為人是依照上帝的形象創造的，啟蒙理性論則將人類視為理性的極致。然而，尼采拒絕這樣的看法。他指出，人類並不是終點，而是一個過渡的存在，是一座橋梁，懸掛在動物與超人之間。這種觀點打破了人類中心主義，將人類放回生成的流動中。

過渡性的隱喻

尼采在《查拉圖斯特拉如是說》中，以「繩索」來比喻人類的處境。人是一條繩索，緊繃地拉在動物與超人之間。我們比動物更具反思力，但同時又未達到超人的高度。這意味著，人類的本質就是「未完成」。過渡性不是缺陷，而是特徵。尼采提醒我們，不要把自己當作終點，而要承認自己正處於持續的過程之中。

與演化論的差別

尼采的過渡性思想，雖與演化論相似，卻有根本差異。達爾文的演化論是生物學的描述，指出物種如何適應環境並逐漸演化。但尼采關注的不是自然選擇，而是價值生成。他認為，人類的過渡性不只是生物層面的，而是精神與文化層面的。人類之所以是過渡的，不在於基因，而在於我們必須創造意義，而不是接受既有的意義。

過渡性與虛無

人類的過渡性也揭示了虛無的危險。因為我們不是完成品，所以我們總是處於不穩定狀態。當舊價值崩潰、新價值尚未誕生時，人會陷入空洞。這種空洞感就是虛無主義的根源。然而，尼采認為，過渡性不應該被視為缺陷，而是契機。正因為人不是終點，我們才有可能創造新的價值。虛無因此成為推動創造的力量，而不是單純的威脅。

過渡性與教育

尼采特別關注教育問題，因為教育往往假設人類是「完成品」，只需要灌輸固定的知識與道德。但若承認人類的過渡性，教育就應該培養人的創造力，而不是服從力。教育的目的不是把人訓練成既有秩序的零件，而是幫助人學會成為橋梁，敢於邁向超越。尼采的教育理想，是讓學生理解自己正處於生成之中，而不是安於現狀。

過渡性與孤獨

承認過渡性，也意味著必須承受孤獨。因為當一個人拒絕舊價值，卻尚未創造新價值時，他將處於空白地帶。這種狀態極為不安，容易讓人退縮。但尼采提醒，孤獨不是失敗，而是過渡的必然階段。唯有敢於忍受孤獨，個體才能真正展現過渡性的力量。孤獨因此不是否定，而是創造的前奏。

過渡性與藝術隱喻

藝術創作提供了一個理解過渡性的隱喻。藝術家面對空白畫布時，既不能回到舊的形式，也還未完成新的作品。他正處於過渡的狀態，充滿不安卻也充滿可能。人類的處境也是如此：我們活在空白之間，必須用自己的意志去填滿它。藝術家若能忍受這種不確定，最終就能誕生新的風格；人類若能忍受過渡，也能誕生新的價值。

當代的啟示

在現代社會裡，人類的過渡性更加凸顯。科技快速變動、傳統價值崩解，許多人感到失去依靠。尼采的提醒在此格外重要：不要以為混亂就是失敗，而要把它看作生成的機會。過渡性意味著我們還能創造，意味著我們不是被定型的存在。當社會不斷變動時，我們要學會擁抱過渡，而不是尋求虛假的終點。

小結

人類不是終點，而是橋梁；過渡性不是缺陷，而是創造新價值的契機。

第五節　道德之外的新可能

道德的束縛

在人類歷史中，道德常被視為普遍且不可挑戰的規範。無論是宗教道德、理性倫理，抑或社會習俗，人類被教導要遵循一套外在的法則。然而，尼采觀察到，這些道德往往不是為了生命的繁盛，而是為了維持秩序。它們要求人服從、壓抑本能，並將力量與創造視為危險。這樣的道德看似保障了安定，卻同時窒息了生命的可能性。

奴隸道德的陷阱

尼采在《道德系譜學》中區分了「主人道德」與「奴隸道德」。主人道德肯定力量、勇氣與獨立；奴隸道德則出於怨恨，將謙卑、順從、美化弱者的特質標舉為善。奴隸道德的危險在於，它讓人習慣於否定自己，習慣於壓抑生命力。當社會全面採納奴隸道德時，人類便會失去創造新價值的能力。尼采認為，若人類要邁向超人，必須走出這個陷阱。

重估價值的必要

尼采的哲學核心之一，就是「重估一切價值」。這不只是批判道德，而是提醒我們：所有價值都有歷史來源，都與權力有關，並非天啟的真理。當我們看穿這一點，就能從道德的束縛中解放，開始思考「什麼對我有助於生命？」而不是「什麼被傳統視為善？」這種重估不是破壞性的懷疑，而是建設性的創造。它讓人從被動的接受者，轉變為主動的創造者。

道德之外的空白

當舊道德被質疑後，人往往陷入恐懼。因為沒有了固定的尺度，就像失去了地圖。但尼采指出，這正是新可能的開始。道德之外不是空洞，而是空白；這片空白提供了創造的空間。人若能承受這種不安，就能在其中生成新的價值。尼采的哲學在此展現出正向的一面：道德的崩解不是毀滅，而是新秩序的前奏。

超人作為立法者

超人之所以重要，正是因為他能在道德之外開創新的可能。超人不是依賴舊的秩序，而是自己成為「立法者」。他以自身生命為標準，決定什麼值得追求。這樣的立法不是強制他人，而是以創造啟發他人。尼采用「藝術家」來形容這樣的姿態：超人把自己的人生當成作品來創作。這樣的創作不需要外在的審查，而是源自內在的力量。

美學取代倫理

尼采甚至認為，道德之外的生活應該以「美學」而非「倫理」來衡量。倫理要求服從，而美學要求創造。當人把人生視為藝術，他將更關注生命的豐富性，而非是否符合規範。這樣的觀點徹底轉化了我們對價值的想像。人生不再是通過一套考試，而是創作一件作品。這就是道德之外的新可能：以藝術的態度對待生命。

超越善惡

尼采在《善惡的彼岸》中直言：「我們必須超越善惡。」這並不是鼓吹無道德，而是指出善惡的框架本身已成為枷鎖。真正的生命不應被二分法限制，而應展現出複雜性與豐盈。超越善惡意味著拒絕簡化，接受矛盾，並從中創造新的價值。這樣的超越讓人不再是道德的囚徒，而是價值的創造者。

當代的實踐

在今日，道德之外的新可能同樣具有啟發性。現代社會提供無數規範與指標：成就、財富、名聲、地位。這些都是新的「道德秤」。尼采的提醒是：不要被這些標準完全綁架，而要勇於創造自己的尺度。這並不是否認一切，而是學會選擇與創造。當代人若能實踐這種態度，就能避免陷入無止境的比較，並開拓出屬於自己的道路。

小結

道德之外不是虛無，而是創造新價值的契機；超人正是這種新可能的象徵。

第六節　超人與孤獨的課題

孤獨的必然性

在尼采的思想中，「孤獨」不是偶然，而是必然。因為超人不再依附於舊道德，也不再尋求群體的認可，他注定要走一條與大多數人不同的道路。當一個人不再遵循慣例，他就會與群體保持距離，這種距離感就是孤獨。尼采認為，孤獨並不是失敗的象徵，而是創造的必要條件。因為唯有在孤獨中，個體才能聽見自己內心的聲音，而不是群體的喧囂。

與群體的張力

群體的本能是維持秩序，而秩序往往意味著重複與模仿。當一個人試圖挑戰舊價值時，他就會被視為異端。這正是超人與群體之間的張力：超人想要創造，而群體想要維持。這種張力必然導致孤立。尼采不否認這種痛苦，反而要人學會承受它。因為這樣的孤立意味著你正在超越舊秩序，而不是隨波逐流。

孤獨與創造

尼采把孤獨視為創造的沃土。藝術家、哲學家、詩人往往在孤獨中孕育作品，因為他們拒絕群體的現成答案。孤獨提供了沉澱與反思的空間，使人能夠從內在生成新的價值。尼采在《查拉圖斯特拉如是說》中描繪查拉圖斯特拉下山傳道的過程：

他在山中獨處十年，才準備好向人類傳達新的訊息。這個隱喻正說明了孤獨與創造的緊密連結。

孤獨的危險

然而，尼采並不浪漫化孤獨。他清楚指出，孤獨充滿危險。孤獨可能導致孤立感，甚至墮入絕望。許多人無法承受孤獨的重量，最終選擇回到群體，重新依附於舊價值。尼采提醒我們，孤獨是一種試煉，它既可能孕育超人，也可能摧毀脆弱的個體。真正的挑戰在於：如何將孤獨轉化為力量，而不是陷入崩潰。

孤獨與強者的分水嶺

對尼采而言，能否承受孤獨，是強者與弱者的分水嶺。弱者需要群體的認同來證明自己，他們不敢直面孤獨。強者則能忍受被誤解，甚至敢於與世界為敵。尼采並不鼓勵孤僻，而是強調：真正的創造者必須有獨處的勇氣。這種勇氣不來自對群體的仇恨，而是來自對自身使命的忠誠。

孤獨與永劫回歸

尼采的「永劫回歸」思想，也能與孤獨結合來理解。當一個人被迫問自己：「如果這一刻要無限次重複，我能否承受？」孤獨正是其中的試煉。若一個人在孤獨中依舊能夠肯定生命，那麼他就展現了超人的姿態。孤獨因此不是生命的空洞，而是生命肯定的考場。

當代的孤獨

在現代社會中，孤獨的經驗更為普遍。科技連結雖然讓人看似更接近，但內心的孤立感卻更加深刻。許多人害怕孤獨，因此急於尋找群體的認同。然而，尼采的提醒是：孤獨並非全然負面。若能將孤獨視為生成的機會，它就能轉化為力量。現代人若能學會在孤獨中創造，而不是在喧囂中麻痺，那麼孤獨將成為成長的契機。

小結

孤獨不是失敗，而是超人必須承受的試煉；唯有在孤獨中，生命才能孕育新的價值。

第七節　超人作為未來願景

超人不是現實中的人

尼采提出「超人」時，他並不是在描述現實世界中已經存在的人，而是在描繪一個願景。這個願景是一種方向，一個召喚，而不是一個可立即抵達的目標。尼采看見當時的歐洲人陷於虛無與頹廢，他要人類不要停留在自我安慰或被動接受的狀態，而要勇敢地去想像：若我們能夠創造新的價值，人類會成為什麼樣子？超人正是這種想像的結果。

願景而非烏托邦

有人誤解尼采的超人，以為那是一種烏托邦式的幻想，是某種完美社會中的新種族。事實上，尼采拒絕任何烏托邦，因為烏托邦意味著固定的藍圖與終極的完成。超人不是最終答案，而是一個開放的問題。他不是某個具體的社會模型，而是一種「方向性的存在」。尼采要我們理解：願景不是結束，而是開始。

未來的召喚

尼采在《查拉圖斯特拉如是說》中多次強調，人是一條繩索，懸掛在動物與超人之間。這句話意味著，超人是一種「未來的呼喚」，而不是當下的實體。人類的任務，就是跨越這條繩索，朝向更高的存在形式。這個跨越並不是必然，而是需要意志、勇氣與創造。尼采在此提醒我們，未來不會自動到來，唯有我們自己去創造。

願景與教育

若承認超人是未來的願景，那麼教育就不再是「訓練人適應現有秩序」，而是「培養人敢於超越舊秩序」。尼采批判當時的教育系統，只把學生塑造成合格的國家機器，而不是價值創造者。真正符合超人願景的教育，應該讓學生意識到自己的過渡性，並培養他們的創造力與獨立思考。教育的目標，不是服從，而是敢於超越。

願景與孤獨的承擔

尼采清楚知道，超人作為願景，意味著孤獨。因為在一個舊秩序尚未崩潰、新秩序尚未建立的時代，走向超人的人勢必與群體格格不入。這樣的孤獨既是負擔，也是證明。它意味著一個人已經不再依靠舊的秤，而是開始創造新的尺度。尼采要我們學會承擔這種孤獨，因為唯有如此，願景才能逐步轉化為現實。

願景與永劫回歸

超人的願景與永劫回歸緊密相連。永劫回歸是對生命的徹底肯定，要求人能夠在無限重複中依然說「是」。若一個人能以這種態度活著，他就已經接近超人的境界。願景因此不僅是外在的未來，更是當下的態度。尼采的啟發在於：未來不是某一天突然到來，而是每一刻的選擇。願景不是遠方的幻影，而是當下的實踐。

願景與文化更新

尼采也把超人視為文化的出路。他看見十九世紀的歐洲文化陷入頹廢，藝術淪為娛樂，哲學淪為抽象遊戲，宗教失去力量。超人願景提醒我們：文化需要更新，而這種更新不是靠外在救主，而是靠個體的勇氣與創造。當人敢於創造新價值，文化才會恢復活力。超人因此不只是個體的理想，也是文化的未來。

當代的意義

在當代社會裡，超人的願景仍舊發揮力量。當人們困惑於價值多元、意義相對時，尼采的提醒是：不要等待外在的秤來評判，而要勇於創造自己的尺度。超人的願景讓我們明白：未來不是固定的，而是生成的。這樣的態度能幫助我們在快速變動的世界中，找到肯定的方向。

小結

超人不是現實的英雄，而是未來的願景；他召喚我們在孤獨與生成中，創造新的價值。

第五章

永劫回歸：生命的試金石

第一節　思想實驗的設計

思想實驗的意義

在哲學史上，思想實驗是一種特殊的方法。它不必依靠實際的經驗或科學的實驗，而是透過想像極端情境，讓人檢視自身的信念與態度。尼采提出的「永劫回歸」正是一種思想實驗。它不是數學定理，也不是物理理論，而是一種精神上的考驗。尼采設計這個實驗，不是要解釋世界的運行，而是要測試人對生命的態度：你是否能夠徹底肯定自己的人生？

想像的場景

尼采在《快樂的科學》其中一節裡描繪了一個場景：有一個惡魔悄悄走到你身邊，對你說 —— 你所經歷的一切，將無限次重複，沒有任何差別。每一個痛苦與快樂，每一個猶豫與選擇，都要重新來過，無窮無盡。這不是比喻，而是一種徹底的想像。尼采讓我們面對這個問題：若生命要無限重播，你能否說「是」？還是會崩潰地說「我不願意」？

永恆的重量

這個思想實驗之所以震撼，是因為它賦予每一個瞬間以永恆的重量。平時我們常安慰自己：「這只是暫時的，明天會更好。」但在永劫回歸的視角下，每一刻都不是暫時的，而是無限的。這意味著，我們不能輕易地忽略當下，也不能推託給未來。每一個選擇，都將成為永恆的重播。尼采透過這樣的設計，迫使我們重新看待生命：你能否承擔這樣的重量？

否定者的反應

若一個人聽到這個思想實驗的反應是崩潰、恐懼，甚至憤怒，這代表他並沒有徹底肯定自己的人生。因為他所活的生命若要無限重播，將是一種折磨。這樣的人可能會希望改寫過去，或渴望死亡來解脫。但尼采要我們正視這一點：如果你無法接受永劫回歸，就表示你還沒有真正地說「是」給生命。這不是指責，而是一種揭露，揭露了我們對人生態度的真實程度。

肯定者的反應

相對地，若一個人能對永劫回歸說「是」，那麼他的生命態度就是徹底的肯定。即便痛苦要無限重播，他仍願意承擔，因為他看見生命本身的價值，而不是依賴外在的補償。尼采要的不是逃避痛苦的幸福，而是擁抱痛苦的喜悅。這種肯定讓人超越虛無，因為即使沒有最終的目的，生命仍值得被愛。這樣的態度正是超人的姿態。

思想實驗的設計巧思

尼采的巧思在於，他並不是直接問「你愛不愛生命？」這樣的問題可能引來抽象的回答。相反地，他透過永劫回歸的設計，把問題推到極端：如果你真的愛生命，就必須願意它無限重播。這樣的設計沒有逃路，因為它逼迫人正視自己是否真正肯定當下。思想實驗因此成為一面鏡子，照出人是否真誠地擁抱生命。

與傳統形上學的差異

傳統的哲學往往追求彼岸，尋找超越此世的意義。柏拉圖追求永恆的理念世界，基督教追求天國的救贖。但尼采的永劫回歸完全相反，它把人釘在此世，讓人無法逃離。沒有彼岸，沒有救贖，只有這個世界，無限次重複。這種徹底的「此世化」思想，讓永劫回歸成為尼采哲學中最激進的設計。它不僅顛覆形上學，也挑戰我們的生活態度。

永劫回歸作為試金石

尼采之所以把永劫回歸稱為「生命的試金石」，就在於它能檢驗一個人是否真正肯定生命。這不是理論問題，而是實踐問題。當惡魔走到你身邊，告訴你生命要無限重播時，你的第一個反應，就是你的真實態度。這種試煉比任何理論都直接，因為它攸關的是「你能否承擔生命原封不動地存在」。

當代的延伸

在當代，永劫回歸的思想實驗依然具有力量。它提醒我們，不要把生命當作草稿，而要當作定稿。每一個選擇都應當被認真對待，因為它可能要被無限次重播。這種態度能讓我們更謹慎，也更勇敢。謹慎在於不浪費時間，勇敢在於敢於承擔後果。尼采的實驗因此不是古老的思想玩具，而是對現代人的直接呼喚。

小結

永劫回歸是一個極端的思想實驗，用來檢驗我們是否真正肯定生命。

第二節　無限重播的挑戰

無限的想像

尼采的永劫回歸要求人想像：你此刻所經歷的一切，不僅要再度發生，還要無限次重播。不是一次、兩次，而是永遠。這樣的想像與日常經驗完全不同，因為我們習慣於認為人生會結束，痛苦會過去，甚至死亡能帶來解脫。但在永劫回歸的視野裡，死亡不是結束，而只是下一次重播的中場休息。這樣的無限感，使生命變得極其沉重，也極具挑戰性。

時間感的轉換

在一般的時間觀裡，我們認為生命是線性的，有起點、有終點。但永劫回歸的時間觀卻是圓形的，沒有起點也沒有終點。這種轉換讓我們難以適應，因為它動搖了我們對「一次性」

的依賴。平常我們可以安慰自己：「這一切會過去。」但在永劫回歸的框架裡，沒有什麼會過去，一切都會再來。這種時間觀迫使我們重新看待每一個選擇，因為它不會消失，而會永恆存在。

痛苦的放大

無限重播最大的挑戰之一，就是痛苦的放大。假設你曾經經歷過一次巨大的傷害或屈辱，在線性的時間觀裡，你可以期待它隨時間淡化；但在永劫回歸的框架裡，這個痛苦會不斷回來。這意味著，你必須重新面對它，無限次地承擔它。這種想像對大多數人而言幾乎是難以忍受的，因為它把人生的黑暗面無限放大。尼采設計這個試煉，就是要逼人直視這種沉重，而不是逃避。

喜悅的放大

然而，永劫回歸並不只是痛苦的放大，它同樣也是喜悅的放大。假如你曾經有過一刻全然的幸福，按照永劫回歸的規則，這一刻也會無限重播。這表示，每一次笑聲、擁抱、創造的快感，都不會消逝，而會永遠回來。尼采的設計在此展現了雙重性：它既讓人直面痛苦的重量，也讓人重新體會喜悅的深刻。這樣的挑戰迫使我們問自己：我們是否真的願意愛我們的生命，包含全部的光與暗？

虛無的威脅

對大多數人來說，無限重播首先帶來的是虛無感。如果一切都要重複，是否意味著一切都是徒勞？無論我如何努力，結局都一樣會重播，那麼努力還有意義嗎？這種感受極為強烈，甚至可能摧毀人的希望。但尼采的用意正在於此：他要我們不依靠「最終的救贖」或「彼岸的意義」來支撐自己，而是學會在無限的重複中找到價值。挑戰因此轉化為一種試煉：你是否能在沒有終點的情況下，依然肯定生命？

肯定的可能

如果一個人能在無限重播的挑戰中依然說「是」，那麼他的生命態度就達到了極致。這並不是因為他消除了痛苦，而是因為他學會把痛苦視為生命的一部分。這樣的人能夠承擔一切，甚至愛一切。尼采稱之為「命運之愛」(amor fati)。無限重播不是讓人絕望的宿命，而是讓人徹底擁抱生命的契機。肯定生命的全部，才是超越虛無的真正姿態。

反思的功能

無限重播的挑戰不僅是哲學上的假設，也具有實際的反思功能。當我們做出選擇時，可以問自己：「如果這一刻要無限重播，我是否仍願意這樣選擇？」這樣的思考能讓人更加謹慎，也更加誠實。因為它取消了「僅此一次」的藉口，迫使我們對行為負起責任。這種反思讓人不再輕率對待時間，而是把每一刻都當成永恆。

當代的啟示

在現代社會中，無限重播的挑戰依然適用。人們常常沉溺於「下一次會更好」的幻覺，卻忽略了當下的重要。尼采的試煉提醒我們：不要等待下一次，而要學會在此刻說「是」。這種態度能幫助我們在變動的社會中保持堅定，也能讓我們更積極地創造。因為若每一刻都是永恆的，那麼每一刻都值得全力以赴。

小結

無限重播的挑戰，不是讓人陷入虛無，而是迫使人學會在永恆中肯定生命。

第三節　如何承擔一切

承擔的課題

尼采的「永劫回歸」並不只是哲學思辨，而是一種存在的試煉。它迫使我們面對一個殘酷的問題：若生命要無限重播，你能否承擔它原封不動的全部？這裡的「全部」不只是喜悅和成功，還包括失敗、羞辱、痛苦、孤獨與悔恨。尼采要我們明白，真正的生命肯定不是挑選性的，而是全面性的。承擔的課題，就是學會接受一切。

拒絕選擇性肯定

一般人傾向於「選擇性肯定」—— 我們願意重播快樂的片段，卻想刪去痛苦的場景。這種態度看似合理，卻在尼采看來是不誠實的。因為人生並不是由快樂與痛苦分割開來，而是交織在一起的整體。若只接受部分，就等於否定了整個生命。尼采要我們勇敢地說「是」，不是對片段，而是對總和。只有當一個人能接受生命的全部，他才真正學會承擔。

命運之愛的姿態

尼采用「命運之愛」來形容這種態度。命運之愛並不是消極的認命，而是擁抱。它意味著：不僅接受發生的一切，更願意去愛它。這種愛不是浪漫化的幻想，而是一種存在的力量。當一個人能夠愛自己的命運，他便能把痛苦轉化為養分，把挑戰視為資源。命運之愛因此成為承擔一切的具體實踐方式。

對抗抱怨的本能

承擔一切最大的阻力，是人類習慣性的抱怨。我們往往在困境中尋找替罪羊，把痛苦歸咎於外在環境或他人。尼采看穿了這種本能，他指出，抱怨其實是一種逃避，讓人不必正視自己生命的現狀。若要學會承擔，就必須放下抱怨，承認一切都是生命的一部分。這樣的態度不是自責，而是對生命的誠實。

承擔與強者的區別

尼采經常區分「強者」與「弱者」。弱者無法承擔一切，他們需要幻想來逃避現實，無論是天堂的承諾，或是虛假的安慰。強者則能直面現實，承受痛苦，並將其轉化為創造的動力。承擔一切，正是強者的特徵。尼采的哲學並不是要人變得殘酷，而是要人培養強健的靈魂，能夠扛起全部生命的重量。

承擔與孤獨

承擔一切也意味著承受孤獨。因為當一個人拒絕依附於舊價值，選擇自己面對生命時，他將與群體保持距離。孤獨是一種痛苦，但同時也是一種力量。它讓人更清楚地看見自己，並學會對自己負責。尼采提醒我們，不要害怕孤獨，因為孤獨是承擔的一部分。唯有經過孤獨的試煉，個體才能真正擁抱生命的全部。

承擔與創造

承擔一切並不等於被動忍受，而是主動創造。當一個人願意接受全部生命，他就能從中萃取力量，創造新的價值。這種創造不是否認痛苦，而是讓痛苦轉化為新的形式。藝術家正是這種態度的典範：他們把生命的矛盾與痛苦化為作品。尼采要我們學習這種姿態，把人生當作藝術品來創造，而不是一份考卷來忍受。

承擔與永恆的態度

永劫回歸的思想提醒我們，每一刻都將無限重播。這意味著，承擔一切的態度必須是永恆的，而不是暫時的。不能只在順境中說「是」，卻在逆境中說「不」。真正的承擔，是對生命總體的「是」，無論環境如何。這樣的態度讓人超越虛無，因為他不再依賴外在的救贖，而能在當下看見價值。

當代的應用

在當代社會中，承擔一切的思想依然具有力量。許多人面臨不確定性與焦慮，試圖尋找快速解決方案。但尼采提醒我們，沒有捷徑。若要真正面對生命，就必須學會承擔全部，而不是挑挑揀揀。這樣的態度能讓我們更成熟，也更自由。因為唯有當我們接受生命的全部，生命才真正屬於我們。

小結

承擔一切意味著命運之愛，不抱怨，不逃避，將痛苦與喜悅一併擁抱，這才是真正的生命肯定。

第四節　重播與倫理檢驗

永劫回歸作為道德考驗

尼采設計「永劫回歸」思想實驗，不僅是哲學思辨，也是倫理檢驗。它逼迫我們問自己：如果你的人生要無限重播，你是否能夠坦然接受？這個問題直接暴露出我們真實的道德取向與價值判斷。因為若一個選擇是虛偽的、怯懦的、逃避的，那麼在永恆重播的框架下，它的荒謬將被無限放大。永劫回歸因此成為一種嚴苛的倫理測試。

與傳統倫理的差異

傳統倫理學常依賴普遍規則：康德的「定言令式」要求人類行為能成為普遍法則，功利主義則要求最大幸福。尼采的永劫回歸則不同，它沒有規則，而是徹底的個體化檢驗。它問的不是「是否合乎普遍理性」，而是「你是否願意永遠重複這個選擇？」這種檢驗更貼近存在本身，因為它不依賴外在尺度，而是迫使個體對自身生命完全誠實。

瞬間的倫理重量

平常我們常用「僅此一次」來淡化選擇的重要性，甚至把一些行為當作無關緊要的過渡。但在永劫回歸的視角下，每一刻都具有永恆的重量。你今天說的一句謊言，明天就會再說一次，永遠重播；你今天的一次善行，也會永遠存在。這種觀點讓瞬間的倫理重量成倍增加。尼采的設計提醒我們：不要輕率，因為沒有任何時刻會真正消失。

拒絕逃避的藉口

在傳統倫理裡，人還能以「動機」、「環境」或「不得已」作為藉口。但永劫回歸取消了這些退路。因為在無限重播裡，每一次都是完全相同的，你不能再說「那只是偶然」或「下次會不一樣」。一切都必須被完全承擔。這讓倫理檢驗更加嚴格，也更加赤裸。它要求人不再依靠藉口，而是直面自己的行為。

真誠的試煉

永劫回歸是一種對真誠的試煉。若一個人真誠地活著，他將能夠接受重播，因為他沒有隱藏或後悔。但若一個人虛偽，他將無法承擔重播，因為每一次謊言、每一次偽裝，都會一再揭露。尼采因此認為，永劫回歸比任何倫理理論都來得徹底，因為它檢驗的是存在的真實，而不是理論的正確。

重播作為價值的篩選器

永劫回歸也可以理解為一種價值篩選器。當我們面對重播的問題時，那些值得無限次重演的行為，就是生命真正的價值；那些無法承受重播的行為，就是虛假的價值。這種篩選機制迫使人檢視自己：哪些行為是我真正願意一再實踐的？哪些選擇一旦重播就變成折磨？透過這樣的檢驗，我們能逐漸清除虛假，留下真實。

與命運之愛的連結

倫理檢驗的最終目標，是引導人走向「命運之愛」。唯有當一個人願意承擔生命的全部，並且能夠愛它，他才能真正通過永劫回歸的試煉。這樣的態度超越了傳統倫理的規範，因為它不是「應該」或「必須」，而是存在深處的「是」。命運之愛不再是外在強加的義務，而是內在湧出的肯定。

當代的倫理挑戰

在現代社會裡，永劫回歸的檢驗依舊重要。當我們面對快速決策、道德相對化與價值多元時，容易陷入隨便的選擇。但尼采的思想提醒我們：每個瞬間都值得認真對待。問自己：「若這一刻要無限重播，我是否仍願意？」這樣的反思能讓我們更真誠，也更勇敢。它讓我們避免道德的空洞規範，而回到存在的根本檢驗。

小結

永劫回歸讓每一個選擇都成為倫理檢驗的場域，要求我們不再依賴藉口，而是真誠地承擔生命的全部。

第五節　日常選擇的永恆性

永恆與日常的連結

在我們的想像裡，「永恆」似乎總是與崇高、宏偉相關，像是宗教中的天國、哲學中的理念世界。然而，尼采的「永劫回歸」卻把永恆拉回到最平凡的日常。他要我們設想：哪怕只是一次對話、一個眼神、一個微小的選擇，都要無限重播。這意味著，永恆不在遠方，而就在我們每天的舉止裡。日常因此不再渺小，而是帶有永恆的重量。

微小行為的檢驗

尼采提醒我們，不要僅僅在重大抉擇時才思考價值問題。因為人生其實由無數日常細節組成，而非少數關鍵時刻。若永劫回歸是真的，那麼今天你隨口的一句話、一次不耐煩的表情、一個轉身離開的動作，都將無限重播。這些看似微不足道的行為，將成為永恆的內容。這樣的檢驗迫使我們意識到：日常才是真正決定生命價值的地方。

選擇的不可逆

在日常裡，我們常抱著「沒關係，下次可以補救」的心態。這種想法在永劫回歸的框架下不再成立。因為一旦做出選擇，它就會無限重播，沒有改寫的機會。這讓日常選擇變得不可逆。

尼采要我們不再輕率，而是認真對待每一刻。不是因為有外在的審判，而是因為這一刻將成為永恆。

日常中的倫理重量

傳統倫理學常討論重大問題，例如戰爭、正義或義務。但尼采的思想卻提醒我們：真正的倫理檢驗往往發生在日常。你如何對待朋友、如何看待陌生人、如何面對自己的情緒，這些日常行為比宏大的口號更能揭示你對生命的態度。永劫回歸把這些行為放大，讓我們看見：日常的倫理重量其實遠比想像中沉重。

日常的美學轉化

尼采也主張用美學來看待生命。若每一刻都要無限重播，那麼我們是否能把日常活得像一件藝術作品？這並不是要求生活變得華麗，而是要求態度上的轉化。日常的對話、飲食、工作、休息，都可以被賦予美學意義。若一個人能以藝術家的眼光來生活，那麼日常就不再是重複的枯燥，而是永恆的創作。

命運之愛在日常的實踐

「命運之愛」並不是抽象的概念，而是日常的實踐。當一個人願意愛今天的早餐、今天的勞累、今天的爭執，他就是在實踐命運之愛。這樣的愛不是浪漫化的包裝，而是一種徹底的接受。尼采的永劫回歸要我們理解：承擔生命不是等到重大事件才開始，而是從日常開始。若能愛日常的一切，我們也就能愛整個命運。

當代生活的啟發

在現代社會裡，人們常把日常當作等待或過渡：等待週末、等待假期、等待更好的人生。但尼采提醒我們，日常本身就是生命的核心。若日常不能被接受，那麼生命整體也無法被接受。永劫回歸的挑戰就是要人重新擁抱日常，把它看作永恆的素材。這樣的態度能幫助我們活得更專注，也更誠實。

日常選擇與自由

尼采不認為日常選擇是瑣碎的，他把它們視為自由的實踐。因為每一個微小的選擇，都是你在為自己立法。當你選擇善待他人、選擇誠實、選擇創造，你就在為自己的人生確立永恆的內容。這種自由不是抽象的理論，而是每天都能被實踐的現實。永劫回歸因此讓日常充滿自由的厚度。

小結

日常不是過渡，而是永恆的核心；每一個選擇都將無限重播，這讓日常成為生命真正的試金石。

第六節　對死亡的轉化

死亡的傳統意義

在人類歷史裡，死亡常被理解為生命的終點。宗教把死亡視為彼岸的入口，哲學則把它當作存在的極限。大多數人對死亡抱持恐懼，因為它似乎代表一切的消逝。死亡意味著結束，也意味著無可避免的虛無。然而，尼采卻要我們重新審視死亡，不再把它看作「破局的終點」，而是理解為生命過程的一環。

永劫回歸下的死亡

在永劫回歸的框架中，死亡失去了「唯一性」。因為如果生命要無限重播，那麼死亡也將無限次重演。這意味著死亡不是終點，而是循環的一部分。它不再是「最後一次」，而是「一再發生的事件」。這種觀點徹底改變了我們對死亡的態度：若死亡要無限重來，我們還能恐懼它嗎？抑或我們必須學會與它共存，把它當作生命的一部分來承擔？

從恐懼到承擔

尼采要我們看見，死亡的恐懼其實源於我們對生命的不肯定。如果我們無法接受自己的生命，我們自然也會害怕死亡。但若我們能夠徹底肯定生命，那麼死亡也不再是威脅，而只是整體生命的一個環節。承擔死亡，就是承擔生命。尼采在此要我們學會說「是」給死亡，就像說「是」給痛苦與矛盾一樣。

死亡作為完成

尼采並不否認死亡的重量，但他認為死亡可以被理解為一種完成。就像藝術作品的最後一筆，死亡讓生命的畫布封存下來，成為一個整體。若沒有死亡，生命就會無限延展，缺乏定形。死亡因此不只是剝奪，也是塑造。它讓生命成為可被理解、可被擁抱的完整形態。若能以這樣的眼光看待，死亡不再只是失落，而是讓生命成為作品的最後一環。

對死亡的轉化

尼采不只要人接受死亡，還要人轉化死亡。這種轉化意味著，把死亡視為生命的盟友，而非敵人。死亡提醒我們：時間有限，因此要珍惜；死亡提醒我們：生命會結束，因此要真誠。尼采要我們從死亡中獲得力量，而不是消沉。這樣的轉化讓死亡不再是生命的對立面，而是生命的推動力。

死亡與命運之愛

「命運之愛」在面對死亡時，展現出最徹底的態度。若一個人能夠愛自己的命運，他就能夠愛自己的死亡。這不是尋死，而是接納死亡作為生命的一部分。尼采提醒我們，真正的勇氣不是否認死亡，而是承認它、擁抱它。當我們能夠愛自己的死亡，我們也就能更深刻地愛自己的生命。

死亡與永恆的意義

永劫回歸讓死亡獲得新的意義。因為死亡要無限次發生，它不再是單一的終點，而是永恆的一部分。這樣的理解讓死亡失去了恐怖，也獲得了莊嚴。它不再是無意義的中斷，而是永恆中的節拍。尼采要我們學會與這樣的死亡共處，並在其中找到肯定生命的契機。

當代的啟發

在現代社會中，人們依然害怕死亡，常透過醫療技術或宗教信仰來逃避它。然而，尼采的提醒是：死亡無法被消除，唯一的辦法是轉化態度。當我們能夠把死亡看作生命的完成與肯定，我們將不再被恐懼綑綁，而能更自在地活著。這樣的態度不僅適用於個人，也能啟發文化，讓我們學會以更成熟的姿態面對生死。

小結

死亡不是終點，而是生命的一部分；唯有承擔並轉化死亡，生命才會獲得真正的肯定。

第七節　永劫回歸的肯定精神

否定與肯定的分水嶺

尼采提出「永劫回歸」時，真正要檢驗的不是世界是否真的如此運行，而是我們的態度。如果我們在聽到「人生要無限重播」時感到恐懼與厭惡，那麼我們其實是以「否定」的姿態活著；若我們能欣然接受，甚至帶著喜悅說「是」，那麼我們就是以「肯定」的精神面對生命。這兩種反應之間，就是尼采要凸顯的分水嶺：否定者仍被虛無支配，肯定者則真正踏入超越的境界。

肯定不是樂觀主義

需要澄清的是，尼采所說的「肯定」並不是庸俗的樂觀主義。它不是假裝一切都很好，也不是忽略痛苦。相反地，它要求人把生命的全部 —— 快樂與痛苦、成功與失敗、愛與孤獨 —— 一併承擔，並且願意無限重播。這樣的態度不是粉飾，而是徹底的真誠。肯定精神因此比單純的樂觀更艱難，因為它要求人連痛苦都能說「是」。

命運之愛的徹底化

在永劫回歸的光照下，「命運之愛」的意義被推到極致。若你能愛你的命運到一個程度，甚至願意讓它無限重播，那麼你的肯定就是徹底的。命運之愛不再是認命，而是擁抱。這樣的精神意味著：我不僅接受生命的安排，更要喜愛它、擁抱它，哪怕它再艱難。尼采認為，這樣的精神才是真正的自由，因為它不再依賴任何外在救贖。

肯定與虛無的對抗

尼采深知十九世紀歐洲的文化病徵：宗教信仰崩潰、啟蒙理性失效，人們陷入價值的真空，也就是虛無主義。在這樣的時代氛圍中，永劫回歸的肯定精神成為唯一的解藥。它讓人不再尋找彼岸的意義，而是學會在此世說「是」。這種態度不是空洞的哲學辯論，而是對抗虛無的生命姿態。肯定精神因此是一種生存方式，而不只是思想。

肯定與創造的關係

肯定精神不只是消極地接受，而是積極地創造。當一個人能徹底肯定生命，他就不再逃避，而能夠從中生成新的價值。這正是尼采超人概念的核心：超人是能夠在舊價值崩解後，依然創造新價值的人。而這種創造力的根源，就是永劫回歸的肯定精神。因為唯有徹底愛生命的人，才有力量再造生命。

肯定的勇氣

要實踐永劫回歸的肯定精神，需要巨大的勇氣。因為這意味著，你不能再用藉口逃避，也不能再依靠來世安慰。你必須赤裸地面對此生，並且說「我願意」。這樣的勇氣超越一般的道德勇敢，它不是一次性的壯舉，而是日復一日的態度。尼采在此提出的，是一種持續性的英雄主義：每天都對生命說「是」。

肯定與藝術的隱喻

尼采常用藝術來說明肯定精神。藝術家在創作時，必須接受所有素材 —— 不論是美麗還是醜陋 —— 並將它們轉化為作品。生命也是如此：我們無法挑選經驗，但我們可以用肯定的態度將它們編織成完整的生命作品。這樣的藝術隱喻讓人理解，肯定不是消極的忍耐，而是積極的創作。

當代的啟示

在當代社會裡，人們面臨不確定性與快速變動，容易陷入焦慮與虛無。尼采的永劫回歸提醒我們：不要等待外在的救贖，而要學會在當下說「是」。這樣的態度能幫助我們活得更堅定，也更自由。因為當我們不再害怕生命的重量，而能肯定它，我們就能在動盪中找到力量。

小結

永劫回歸的核心不是重播，而是肯定；唯有在肯定精神中，人才能真正超越虛無，成為生命的創造者。

第六章

命運之愛：向必然說「是」

第一節　命運之愛的意義

命運與愛的並置

在多數人的語感中，「命運」和「愛」似乎是矛盾的。命運往往被理解為強加於我們身上的枷鎖，它代表不可避免、無法選擇，甚至意味著壓迫與悲劇。而愛則象徵自由、主動與喜悅。尼采卻大膽地把這兩個字放在一起——「命運之愛」。這不是單純的接受或忍耐，而是要人學會擁抱命運，甚至喜愛它。

接受與擁抱的差異

許多人會說：「我接受我的命運。」但接受與愛，仍然有本質的差異。接受往往帶著無奈，像是不得不的妥協；愛則是主動的姿態，是對生命的熱情。尼采要人從心底對命運說「是」，哪怕命運充滿挫折與不完美。命運之愛因此成為一種徹底的生命肯定。

對抗怨恨的毒素

尼采在《道德系譜學》裡談到「怨恨」(ressentiment) 的問題：人類常把痛苦歸咎於他人或環境，於是陷入不斷的比較與抱怨。這種態度讓人無法真正活在當下，因為他總覺得自己是被害者。命運之愛則是對抗怨恨的解藥。當一個人能夠說「我愛我的命運」，他就不再抱怨，而是承擔全部生命。怨恨消散，取而代之的是創造的能量。

命運作為材料

尼采主張把人生視為藝術品，而命運就是創作的材料。藝術家不能挑選全部的素材，有時甚至要處理難以駕馭的顏色與形狀。但真正的藝術家能把這些不完美的材料轉化為作品的一部分。同樣地，命運之愛不是因為命運完美，而是因為它是我的材料。當我願意擁抱這些素材，我就能把我的人生創造成獨一無二的藝術品。

命運與自由的重疊

表面上，命運似乎否定了自由，因為它代表不可避免。然而，尼采提醒我們，真正的自由不是消除命運，而是學會在命運中找到自己的態度。命運之愛正是這樣的自由。當我能夠愛我無法選擇的東西，我就獲得了更高層次的主動性。這種自由不是對抗命運，而是與命運共舞。命運之愛因此展現了一種超越矛盾的智慧：必然與自由可以在肯定中重疊。

愛的不完美

尼采強調，命運之愛並不是愛理想化的命運，而是愛不完美的現實。人類的生命總是伴隨遺憾與錯誤，若只願意愛完美的部分，那並不是真正的愛。命運之愛意味著：即便我的人生有缺陷，我仍願意擁抱它。這樣的態度比浪漫的愛更深刻，因為它包含了承受與轉化。尼采要我們理解：真正的強者，是能夠愛不完美的人。

永劫回歸的延伸

「命運之愛」與「永劫回歸」緊密相連。若你能夠愛你的命運，那麼你也能承擔它無限重播。反之，若你無法命運之愛，你將無法面對永劫回歸的挑戰。尼采透過這兩個概念構築了一個完整的哲學姿態：永劫回歸是試煉，命運之愛則是答案。前者檢驗我們是否能承擔，後者告訴我們如何承擔——以愛的姿態。

當代的實踐意義

在現代社會中，人們常抱怨環境的不公、機會的不均、制度的壓迫。然而，尼采的「命運之愛」提醒我們，不要被怨恨吞噬。這並不是否認不公，而是要求我們轉化態度。當我們能夠命運之愛，我們便不再是被動的受害者，而是主動的創造者。這種態度讓人活得更堅定，也更自由。因為即便環境艱難，我依然能說「是」。

小結

「命運之愛」意味著徹底擁抱生命，把不完美轉化為藝術的素材，並以正面的姿態對必然說「是」。

第二節　命運與自由的錯位

自由與命運的表面矛盾

在大多數人的觀念裡，自由與命運是一對對立面。自由意味著自主選擇，代表我可以決定我的人生；命運則象徵外在的必然性，彷彿一切早已被決定。於是我們常覺得：若命運存在，自由就消失；若自由存在，命運就該被拒斥。這種二元對立的思維深植人心，也讓許多人把「命運」視為敵人，把「自由」當作唯一的救贖。

尼采對錯位的拆解

尼采認為，這種把命運與自由絕對對立的思考是一種錯位。他指出，人類之所以覺得矛盾，是因為我們誤解了「自由」與「必然」的意義。我們以為自由就是擺脫一切束縛，但這樣的自由只存在於幻想。真正的自由不是逃離必然，而是能在必然中肯定自己。命運不需要與自由衝突，它們其實可以在更高的層次上共存。

自由的幻象

尼采尖銳地批判了現代人對自由的幻想。許多人以為自由等於「我想怎樣就怎樣」，好像所有選擇都是無限制的。然而，這種自由並不真實。因為我們生而有限：我們無法決定出身，無法選擇天賦，甚至無法控制許多偶然事件。若自由被定義為「完全不受限制」，那麼自由永遠只是幻象。尼采要我們看清這一點：自由不是無拘無束，而是另一種深層的能力。

必然的重量

相對地，命運代表了生命的必然性：我們必須接受時間的流動、身體的限制、環境的塑形。這些必然構成了人生的框架。許多人因為抗拒這些框架而痛苦，把它們視為剝奪自由的鐵籠。但尼采提醒我們：若沒有必然，生命也無法形成具體的形態。就像一首音樂必須有節奏與結構，否則只是雜音。命運不是鐵籠，而是賦予自由實踐的場域。

在必然中創造

尼采的洞見在於：自由並不是取消命運，而是在命運中創造。就像藝術家面對既定的材料 —— 畫布大小、顏料性質、工具限制 —— 他並不能改變這些條件，但他可以在其中創造出獨特的作品。人也是如此：我們無法改變所有外在必然，但我們能決定如何面對、如何使用這些條件。這才是真正的自由，一種嵌入必然中的創造力。

命運之愛的化解

「命運之愛」正是化解錯位的核心。當一個人願意不僅接受，甚至愛自己的命運，他就能把必然轉化為自由的素材。這樣的自由不再是與命運對抗，而是與命運共舞。尼采要我們學會說「是」，因為在這個「是」裡，我們把自由與必然重新結合。命運不再是自由的敵人，而是自由的舞臺。

錯位的危險

若人始終把命運與自由錯置為對立，就容易陷入兩種極端：要嘛完全否定自由，把自己交給宿命；要嘛完全否定命運，追逐不可能的絕對自由。前者導致消極的被動，後者則導致無止境的焦慮。尼采認為，真正的危險在於這兩端都會讓人失去對生命的肯定。唯有化解錯位，人才能找到積極的力量。

當代的延伸

在現代社會，自由與命運的錯位依然普遍存在。人們渴望選擇無限，卻在面對限制時感到痛苦。社會強調「你可以成為任何人」，但現實卻讓人發現不可能。這種落差讓許多人陷入自我否定。尼采的提醒能幫助我們看清：自由並不是無限可能，而是有限中的創造；命運並不是敵人，而是成長的土壤。當代人若能理解這一點，就能少一些抱怨，多一些力量。

小結

自由不是逃避必然，而是在必然中創造；命運與自由的錯位，唯有透過「命運之愛」才能獲得真正的化解。

第三節　如何愛不完美

完美的幻影

在人類的文化傳統中，「完美」一直被視為值得追求的理想。無論是宗教的聖徒形象，還是現代社會的成功人士，都帶有一種近乎無瑕的標準。然而，這樣的完美往往只是幻影，因為人生實際上充滿缺陷與矛盾。尼采敏銳地看穿這一點，他指出：若我們只願意愛完美的東西，就注定會對真實的人生失望。

接受缺陷的第一步

尼采的「命運之愛」要求人學會愛不完美。這並不是要人自暴自棄，而是要人承認生命的本質就是不完整。痛苦、錯誤、失敗，這些都不是偶然的異常，而是人生的結構性部分。接受這一點，是愛不完美的第一步。因為唯有誠實地看見缺陷，我們才可能真正擁抱生命。

不完美與獨特性

尼采提醒我們，每個人的獨特性往往來自他的不完美。藝術作品之所以動人，不是因為它毫無瑕疵，而是因為它帶有不可取代的印記。人生也是如此：一個人的性格、經驗與局限，往往正是讓他成為「自己」的原因。若要愛生命，就不能刪去不完美，而是要理解：不完美正是個體的獨特標記。

抱怨的陷阱

人們面對不完美時，最常掉入的陷阱是抱怨。我們抱怨環境不理想、條件不公平、人生不如意。尼采認為，這種抱怨的態度其實是對生命的否定。因為抱怨意味著拒絕當下，而渴望另一個不存在的「理想人生」。愛不完美的關鍵，就是要停止抱怨，並且說：「即便如此，我仍然愛這個生命。」

不完美的創造力量

尼采強調，不完美並非純粹的缺陷，而是一種創造的契機。正因為人不完整，他才需要創造；正因為世界不理想，人類才有推進的力量。超人概念就是從這裡出發：不完美不是阻礙，而是驅動。當我們能夠愛不完美，我們也就能把它轉化為創造的資源，而不是絆腳石。

從美學角度理解

尼采經常以藝術作為比喻。藝術品從來不是追求數學式的對稱，而是透過不完美的痕跡展現生命力。同樣地，人生的價值不在於符合某種外在的完美標準，而在於是否能被看作一件完整的作品。愛不完美，就是用美學的眼光來看待生命，把缺陷當作風格，而不是缺陷本身。

愛不完美與勇氣

要實踐愛不完美，需要極大的勇氣。因為人類本能地渴望安全與完整，不願意面對缺陷的殘酷。但尼采提醒我們：真正的強者不是沒有缺陷，而是敢於擁抱缺陷。愛不完美的勇氣，就是在面對殘酷現實時，仍然選擇說「是」。這種勇氣超越了逃避，也超越了幻想。

當代的應用

在現代社會，愛不完美的態度依然具有啟發性。許多人因為社群媒體的比較而陷入焦慮，總覺得別人的人生比自己更完美。尼采的提醒能幫助我們跳脫這種幻象：人生不需要完美，重要的是是否能真誠地承擔屬於自己的不完美。當我們能夠愛這樣的人生，我們就能從焦慮中解脫。

小結

愛不完美意味著擁抱生命的缺陷，把它當作獨特性的來源，並以勇氣把不圓滿轉化為創造的力量。

第四節　拒絕抱怨的姿態

抱怨作為生命的毒素

尼采在分析現代人精神狀態時，特別強調「抱怨」是一種最深沉的病徵。抱怨表面上是一種情緒發洩，實際上卻是一種對生命的否定。當一個人不斷抱怨，他其實在說：「我不願意這樣活著。」這種態度像毒素一樣滲透靈魂，讓人逐漸失去肯定生命的能力。尼采認為，唯有徹底拒絕抱怨，人才能真正開始實踐命運之愛。

抱怨與怨恨的關聯

在《道德系譜學》中，尼采使用「怨恨」來描述弱者心態。這種怨恨並不是一次性的情緒，而是一種持續的心理結構。它讓人無法承擔現實，總是把痛苦歸咎於他人或外在世界。抱怨就是怨恨的日常表現，它使人沉溺於比較與指責之中，卻從不真正行動。尼采揭露這一點，是要提醒我們：抱怨不是無害的發洩，而是消耗生命的陷阱。

抱怨的自我削弱

抱怨最大的問題在於，它不僅否定外在，也同時削弱自我。當一個人習慣性地抱怨時，他把自己塑造成受害者，並失去對生命的主動性。這樣的人會逐漸喪失行動的力量，因為他總是等待別人或環境改變，而不是自己改變。尼采要我們警惕：這樣的姿態讓人永遠無法超越現狀，因為抱怨只會製造停滯，而不會創造突破。

命運之愛與抱怨的對立

「命運之愛」與抱怨是徹底對立的姿態。命運之愛意味著對生命說「是」，哪怕它殘酷、不公或不完美；抱怨則意味著對生命說「不」，總希望它變得不一樣。尼采要求我們徹底拒絕抱怨，因為只有在這樣的拒絕中，我們才能誠實地承擔生命。拒絕抱怨不是壓抑情緒，而是選擇一種積極的存在方式。

從受害者到創造者

拒絕抱怨的意義，在於讓人從受害者的角色轉變為創造者。受害者總是覺得命運不公，於是透過抱怨獲得短暫的安慰；創造者則明白，命運是不可避免的，但態度可以決定一切。當一個人放下抱怨，他便能把精力轉向創造，把痛苦轉化為力量。尼采要我們成為創造者，而不是怨恨的奴隸。

抱怨與自由的錯覺

抱怨有時會被誤解為一種自由的表達，好像人有權利「說出自己的不滿」。然而，尼采指出，這種自由其實是假象。真正的自由不是表達怨恨，而是超越怨恨。抱怨只會讓人被困在相同的情緒裡，而拒絕抱怨才能釋放出真正的自由。因為當我們不再浪費能量在怨恨上，我們才有餘裕去創造新的價值。

當代的抱怨文化

在當代社會，抱怨幾乎成為日常文化。社群媒體上的抱怨文、辦公室裡的牢騷、家庭中的責怪，都成為生活的背景音。然而，這種文化不僅無法改善現實，反而讓人陷入更深的無力感。尼采的批判在此格外具有啟發性：如果我們希望獲得真正的力量，就必須從拒絕抱怨開始。因為只有這樣，才能真正實踐命運之愛，並在困境中找到向上的力量。

拒絕抱怨的實踐

拒絕抱怨並不意味著否認痛苦，而是意味著承擔痛苦。當困難發生時，我們可以選擇沉溺於怨恨，也可以選擇把它當作鍛鍊的契機。尼采要我們學會後者，因為唯有這樣，我們才能把命運轉化為力量。拒絕抱怨是一種持續的修練，需要勇氣與自律。但正是這樣的姿態，才能讓人真正實現自我超越。

小結

拒絕抱怨不是壓抑，而是勇敢地對生命說「是」；唯有如此，才能把命運轉化為力量，實踐真正的命運之愛。

第五節　在必然中創造可能

必然作為生命的框架

尼采深知，人類的生命不可能完全自由。我們無法選擇出身、基因、時代，也無法迴避疾病與死亡。這些都是必然，它們像是畫布的邊界，規定了我們行動的範圍。許多人因此怨懟必然，覺得它是壓迫與限制。但尼采提醒我們：必然並非純粹的負擔，而是生命的框架。若沒有框架，人生就像一首失去節拍的樂曲，無法成形。

拒絕幻象的自由

現代社會常販賣一種幻象：自由等於「你可以成為任何人」。但事實並非如此，因為每個人的條件都是有限的。若自由被定義為「無限可能」，那麼現實注定會帶來挫敗。尼采要我們拒絕這種幻象，因為真正的自由不是否認必然，而是在必然中找到創造的空間。當我們停止逃避限制，我們才開始獲得真正的力量。

必然中的選擇

雖然必然規定了人生的外框，但框架內部依然充滿選擇。就像棋盤的格局是固定的，但棋局的變化卻無窮無盡。尼采要我們看見：人生也是這樣。你不能改變棋盤的形狀，但你可以決定怎麼下這盤棋。自由因此不是否定必然，而是善用必然，讓它成為創造的舞臺。

創造的主體性

尼采認為，真正的強者懂得在必然裡創造。這樣的人不會因為限制而退縮，反而會把限制轉化為可能。他們明白：必然不是剝奪，而是召喚。當環境困難時，他們會問：「我能在這裡創造什麼？」這種主體性讓人不再是必然的受害者，而是必然的共同作者。這正是「命運之愛」的深層意涵。

艱難作為資源

許多人將艱難視為障礙，但尼采要我們理解：艱難其實是資源。因為沒有艱難，就沒有超越；沒有限制，就沒有突破。超人之所以誕生，正是因為他在必然中找到可能，並把苦難轉化為力量。命運之愛因此不是消極的順從，而是積極的創造：在命運的鐵律裡，依然找到新的路徑。

必然與藝術的隱喻

尼采常用藝術比喻人生。藝術家面對的素材總是有限：畫布的大小、顏料的顏色、樂器的音域。但正是這些限制，構成了作品的形式。藝術不是無限制的揮灑，而是在限制裡展現無限的可能。人生亦然。若我們能以藝術的眼光來生活，那麼必然就不再是牢籠，而是創造的土壤。

在必然中實現自由

自由的最高形式，不是逃離必然，而是在必然裡活出可能。當一個人能夠說：「我愛這些限制，因為它們讓我得以創造。」他就真正實踐了命運之愛。這樣的自由不是幻覺，而是切實的存在。它讓人明白：必然並沒有摧毀我的可能，而是賦予我創造的契機。

當代的啟示

在現代社會裡，許多人因為限制而感到焦慮：經濟不均、資源有限、時間不足。但尼采的提醒能幫助我們轉換視角：限制不是否定，而是機會。問題不在於「為什麼有必然」，而在於「如何在必然裡創造可能」。當代人若能培養這種態度，就能在困境中保持堅韌，也能更積極地開創屬於自己的生命形式。

小結

在無法選擇的必然中，創造仍是我們最大的自由與尊嚴。

第六節　不可逆的生命哲學

時間的單向流動

人類的經驗總是與時間緊密相連，而時間的特徵就是不可逆。昨日的行為無法重來，今日的決定一旦做出，就注定成為歷史。雖然我們常幻想「要是可以重來就好了」，但現實卻不允許。尼采敏銳地掌握住這一點：人生的本質就是不可逆的進程。這種不可逆性不是缺陷，而是生命的真實結構。

對「如果」的迷戀

許多人面對過去的錯誤時，總陷入「如果」的思考：如果我當時做了不同選擇，如果我沒有錯過機會，如果環境更有利……這些假設性的想法看似安慰，實際上卻是逃避。因為「如果」永遠不會成真，它只會讓人停留在過去的陰影裡。尼采認為，真正的勇氣不在於沉溺於「如果」，而在於面對「已經如此」的不可逆。

永劫回歸的反諷

有趣的是，尼采同時提出「永劫回歸」的思想實驗，讓我們想像人生要無限重播。這與「不可逆」看似矛盾，但其實是同一種試煉。因為即便人生要無限重播，它仍然是「同一個版本」的重播，而不是「修正後的新版本」。這就意味著：你無法改寫歷史，只能承擔歷史。不可逆性因此被放大，讓人必須對每個選擇更謹慎，也更真誠。

承擔不可逆的重量

不可逆性讓人生帶有重量。若人生可以無限重置，那麼任何選擇都不再重要。但因為人生不可逆，每一刻都無法刪除，這才讓生命有其嚴肅性。尼采提醒我們：不可逆不是懲罰，而是價值的來源。因為一切不可重來，所以一切才值得被珍惜。這種重量感迫使我們更慎重，也更投入。

從懊悔到肯定

不可逆性最容易引發的情緒是懊悔。人們常因過去的錯誤而陷入自責，無法釋懷。但尼采要我們理解：懊悔本身無法改變過去，它只是一種自我消耗。與其懊悔，不如肯定。肯定不代表否認錯誤，而是承擔錯誤，把它視為生命的一部分。當我們能夠說「是，即便那也是我的一部分」，我們就超越了懊悔，真正擁抱了不可逆的生命。

不可逆與責任

不可逆性同時也意味著責任。因為一旦選擇就無法撤回，所以每個人都必須為自己的行為負責。這種責任感不是外在的懲罰，而是內在的自覺。尼采的思想挑戰我們：你是否願意把自己的一生看作作品，並對這部作品負起全部的責任？不可逆的生命哲學正是要人學會這樣的自我承擔。

不可逆與創造

不可逆性雖然讓人感到沉重，但同時也孕育了創造。因為每個瞬間都無法重來，我們必須在當下全力以赴。這樣的態度讓人更專注，也更積極。尼采的哲學因此不是悲觀的，而是充滿力量：不可逆性並不是阻礙，而是讓生命變得更有創造性的條件。它讓人學會用「唯一」的態度去面對每一刻。

當代的啟示

在現代社會，人們常沉迷於「重來」的幻想——透過科技修正錯誤、透過重啟人生遊戲來逃避現實。然而，尼采的提醒依然犀利：人生不可逆，所有選擇都將成為你的一部分。若能接受這一點，我們就不會再浪費時間抱怨，而會更積極地活在當下。不可逆性不是絕望，而是最真實的清醒。

小結

不可逆的生命哲學要求人放下「如果」，承擔「已然」，並在不可重來的時間裡活出最徹底的肯定。

第七節　命運之愛的勇氣

勇氣與命運的正面交鋒

在人類的本能裡，命運往往讓人恐懼。因為它意味著不可控制、不可逃避，代表著我們無法主宰的一切。大多數人面對命運時，選擇的是抱怨、抗拒或幻想逃離。尼采卻要求我們去「愛」它，這顯然不是輕鬆的任務，而是一場正面交鋒。要能命運之愛，必須具備巨大的勇氣，因為這份愛等於對整個生命——包括所有痛苦與不幸——說「是」。

拒絕虛假的安慰

勇氣的第一步，是拒絕虛假的安慰。許多人透過宗教、理想化的幻想、或者「來世會更好」的想法，來麻痺對命運的不安。這些安慰雖然能暫時減輕焦慮，卻讓人失去面對現實的力量。尼采提醒我們，真正的勇氣不是依賴外在的保證，而是敢於直視生命的赤裸。命運之愛的勇氣，來自於放下幻覺，並承認：「這就是我的人生。」

把痛苦納入生命

尼采強調，勇氣的本質在於能擁抱痛苦。命運之愛不是只愛快樂，而是願意接受生命的全部。這意味著：失敗、孤獨、疾病、挫折，也都在命運的版圖之內。若一個人只在順境中說「是」，那不是命運之愛，而是挑選性的接受。真正的勇氣，是即便命運給予痛苦，也能坦然說：「我仍然愛它，因為它讓我更完整。」

與懊悔的決裂

人類經常沉浸於懊悔——對過去的選擇感到後悔，對錯過的機會感到不甘。這種情緒讓人陷入「如果」的想像，卻無法改變現實。尼采要我們理解：懊悔是一種對生命的否定，它讓人無法承擔不可逆的時間。命運之愛的勇氣，正是要與懊悔決裂。它要求人學會說：「即使我錯過，即使我犯錯，那也是我的一部分，我願意擁抱它。」

勇氣與自由的真正意義

自由常被誤解為「無限的可能」，彷彿人只要努力，就能掌握一切。但尼采提醒我們，真正的自由不是逃避必然，而是在必然中創造。命運之愛的勇氣，正是這種自由的展現。當一個人不再害怕命運，而能在其中找到創造的空間，他才算真正自由。勇氣因此不是對抗命運，而是學會在命運中展現主體性。

孤獨中的勇氣

命運之愛的過程往往伴隨孤獨。因為多數人仍停留在抱怨或逃避的姿態，他們無法理解為何有人能在痛苦中依然說「是」。尼采指出，超人的道路注定孤獨，因為他必須走在大眾的習慣之外。但這種孤獨本身，也是勇氣的一部分。唯有能在孤獨裡堅持，才能真正實踐命運之愛。

勇氣的生成

命運之愛的勇氣並非與生俱來，而是透過實踐逐漸生成。每一次拒絕抱怨、每一次承擔痛苦、每一次選擇肯定，都是在培養勇氣。這種勇氣不是一次性的壯舉，而是日常的鍛鍊。尼采要我們把生命當作藝術品，而勇氣就是其中不可或缺的筆觸。它讓生命不再只是被動的過程，而是主動的創作。

當代的實踐意義

在當代社會，人們面臨不確定性、風險與壓力。命運之愛的勇氣，在這樣的情境下更顯重要。因為沒有誰能預測時代的巨變，也沒有誰能完全控制生活的進程。但如果我們能在必然中展現勇氣，就能活得更堅韌。命運之愛是一種姿態：即便命運如此，我依然願意擁抱它。

小結

命運之愛的勇氣意味著放下幻覺、拒絕懊悔，並在痛苦與必然中依然對生命說「是」。

第七章

風格即人：養成自己的語言

第一節　尼采的文體意識

文體作為思想的容器

尼采深刻理解，語言並非思想的外殼，而是思想的實體。許多哲學家以為文體只是傳遞觀念的工具，但尼采堅決反對這種看法。他認為，文體就是思想的展現方式，而思想必須透過文體才能被真正體驗。這意味著，一個人的哲學立場，從他選擇的文體中就能看出端倪。尼采之所以如此重視文體，正是因為他要徹底拆解「思想與表達分離」的迷思。

對學院哲學的挑戰

尼采的時代，哲學文本多半循規蹈矩，以嚴謹的邏輯架構與冷靜的論證為標準。然而，這種學院式的表達往往與生命脫節。尼采敏銳地意識到：如果哲學只是一堆抽象的系統，而無法觸及血肉與情感，它就會變成空洞的知識。他選擇用格言、斷片、詩意的語言來寫作，就是要挑戰學院哲學的冰冷文風。這種挑釁背後，正是他對生命的忠誠。

文體中的節奏感

尼采的文體有其獨特的節奏。他的句子常常短促有力，像錘擊一般敲打讀者；有時卻又轉向抒情，像詩歌般流動。他善於在嚴肅與諷刺、深刻與輕盈之間切換，讓讀者無法以單一的閱讀姿態面對。他的文字因此帶有一種音樂性，既是理性的思辨，也是感性的共鳴。尼采自認受音樂影響極深，而這種影響在他的文體中展現無遺。

語言作為哲學的實驗

尼采把文體當作哲學的實驗場。他並不急於建立一套封閉的系統，而是透過語言不斷進行探索與挑戰。每一句話、每一個隱喻，都是他在試驗思想的方式。這種做法使他的著作帶有「開放性」，不像傳統哲學那樣追求最終的結論，而是邀請讀者一同參與思考。尼采的語言因此成為生命的實驗，而不是僅僅的知識傳遞。

文體中的人格痕跡

尼采強調「風格即人」，這句話意味著：一個人的文體就是他的人格展現。對尼采而言，文字不是隱藏思想的面具，而是揭露思想的鏡子。他選擇用充滿張力的語言寫作，正是因為他的生命本身就是矛盾與衝突的集合體。他的文字中既有激情，也有懷疑；既有攻擊性，也有詩意。讀尼采的文體，就是在直面他的靈魂。

對讀者的挑釁

尼采的文體意識還體現在他與讀者的關係上。他不願意提供簡單易懂的答案，而是刻意設計出挑釁的文字，讓讀者無法安逸。他常用反諷、極端化的表述，甚至矛盾的命題，來逼迫讀者思考。這種風格有時讓人覺得困惑，甚至憤怒，但也正因如此，讀者被迫捲入思想的漩渦。尼采的目標不是教育，而是震撼。

文體作為哲學的倫理

尼采不僅把文體當作形式問題，更把它當作倫理問題。因為選擇什麼樣的文體，就意味著選擇什麼樣的態度去對待生命。他拒絕冷冰冰的學術語言，是因為那種語言背後隱含著對生命的逃避。他選擇充滿激情與詩意的語言，則是因為他要用文字實踐對生命的肯定。文體在這裡，不只是美學選擇，而是倫理立場。

當代的延伸

尼采的文體意識對當代依然具有啟發性。在知識爆炸與資訊碎片化的時代，許多文本陷入公式化與陳腔濫調。然而，尼采提醒我們：真正有力量的思想，必須有相應的語言風格來承載。文體不是附屬，而是核心。若要真正影響他人，就必須養成屬於自己的語言，把思想與生命緊密結合。

小結

尼采的文體意識揭示：語言不是外殼，而是思想與人格的真實展現；風格本身，就是一種哲學實踐。

第二節　語言如何成為生命的證明

語言不是附屬

傳統觀點常把語言當作思想的外殼，好像先有了思想，再用語言包裝。然而，尼采敏銳地指出，語言並不是附屬，而是生命本身的展現。人如何說話、如何寫作，往往就是他如何活著的縮影。語言之於生命，就像脈搏之於身體——它不是外加的裝飾，而是活生生的證據。

語言與力量的連結

尼采的哲學核心是「權力意志」。在這個脈絡下，語言不僅是表達，更是力量的展演。當一個人說話，他並不是單純傳遞訊息，而是在展現自己的存在感與意志。語言能夠建構、能夠拆解、能夠激起行動，因為它本身就是力量的形式。語言如何被使用，正是生命力量是否旺盛的象徵。

文體作為生命能量的流動

尼采的寫作方式，充滿節奏感與能量感。他的格言短小而銳利，就像錘擊一樣帶來衝撞力。他的詩意語句則像音樂般流動，讓人感受到情感的奔放。這些文體選擇並非偶然，而是他生命能量的直接流露。尼采的語言之所以動人，不是因為它合乎邏輯，而是因為它讓人感受到生命在說話。

語言的誠實性

語言之所以能成為生命的證明，還在於它的誠實性。尼采討厭虛假與空洞的語言，因為那意味著生命的軟弱。當一個人的語言缺乏真實力量時，他的生命也顯得蒼白。相反地，當語言充滿張力，即使是尖銳或不合世俗期待，它仍然具有生命力。誠實的語言，就是生命拒絕妥協的見證。

語言與自我的生成

尼采認為，自我並不是固定的，而是在語言中不斷生成。當一個人用語言表達自己，他同時也在建構自己。語言不是單純的反映，而是塑造。這意味著，一個人的生命證明不在於他擁有什麼，而在於他如何說話、如何書寫。語言就是自我生成的工藝，而每一句話都是存在的刻痕。

語言的感染力

語言能夠感染他人，這也是它成為生命證明的重要原因。當尼采用挑釁性的語言寫作，他並不只是表達自己的思想，而是要震撼讀者，讓他們感受到同樣的生命衝擊。語言因此不僅是「我的證明」，更是「我們的連結」。它像是一股力量，能夠跨越個體，讓生命與生命相遇。

語言與行動的關聯

對尼采而言，語言不是與行動分離的。空洞的言辭等於虛假的存在，因為它無法推動任何行動。真正有力的語言，會催生行動，會迫使人重新面對自己。當語言能夠引導行為，它就不再只是符號，而是生命的具體實踐。尼采的語言之所以如此尖銳，就是因為他要逼迫人從思想走向行動。

當代的延伸

在當代社會，語言依然是生命的證明。網路時代讓人更容易用文字展現自己，但同時也充滿空洞與公式化的語言。尼采的提醒在此格外重要：真正有力量的語言，必須帶有生命的溫度與張力。當代人若能意識到這一點，就能在資訊洪流中保持獨特，而不是被稀釋。語言依然是檢驗一個人生命力的試金石。

小結

語言不是思想的外殼，而是生命能量的直接流露；它以誠實、力量與感染力，成為最真實的生命證明。

第三節　文風即人格

文字不是中性的

多數人以為文字是中性的工具，可以任意操控，隨時換一種語調都無妨。然而，尼采看得更深：文字並非全然中性，它總帶著書寫者的生命氣息。你如何用字、如何造句、如何安排篇章，無一不透露出你的人格。文風不只是技術選擇，而是人格的顯影。

尼采的文風與他的人格

尼采的文字之所以強烈，正是因為它與他的人格密不可分。他的人生充滿孤獨、病痛與思想的掙扎，而這些經驗直接滲入文風之中。他的文字既有詩意的抒情，也有冷峻的批判；既有狂放的宣告，也有細膩的感受。讀他的作品，不只是讀哲學觀念，而是直面一個靈魂的搏鬥。文風與人格在此完全合而為一。

文風揭露而非隱藏

有些人用文字隱藏自己，把它當作面具。然而在尼采的理解裡，真正的文風無法偽裝。因為文字的節奏、力量與氣息，總會不自覺地流露出內在。虛假之詞往往蒼白，真實的文字則帶有力度。文風因此成為人格的檢驗：你可以說謊，但你無法掩蓋文字的虛弱。

文風的倫理意涵

尼采把文風提升到倫理的層次。他認為，一個人選擇如何寫作，就等於選擇如何生活。若文字僵硬死板，那是因為生命被壓抑；若文字充滿張力，那是因為生命仍在跳動。文風的誠實與否，映照出人格的真實與否。這意味著，養成文風不是外在的修辭課題，而是內在的品格鍛造。

風格作為自我肯定

文風不只是人格的展現，也是一種自我肯定。當一個人找到屬於自己的風格，他也同時找到承擔生命的方式。尼采之所以強調「風格即人」，是因為他看見：一個人若能在語言中形成獨特的風格，就意味著他已經把生命轉化為獨特的存在方式。風格因此不只是外在，而是存在的證據。

對讀者的震撼

尼采的文風帶有強烈的震撼力，因為他的人格本身就是尖銳而誠實的。他不願妥協於世俗的期待，也不願隱藏思想的激烈。他的文字因此帶著一種「直面」的力量，逼迫讀者不能安逸。這種震撼不只是技巧的效果，而是人格的外放。尼采要用文字震撼，而不是安撫，這正是他文風與人格一致的表現。

當代的反思

在當代社會，許多人刻意經營形象，語言往往流於包裝與技巧。然而，尼采的提醒是：真正有力量的文風，必須與人格一致。若語言與人格分裂，再華麗的文字也只是空洞。當代人若要養成自己的語言，就必須從誠實面對自己開始。文風的獨特性，來自人格的真實性。

小結

文風不是技巧，而是人格的映照；文字如何被書寫，就是靈魂如何存在的證明。

第四節　美學與倫理的交會

藝術眼光看待人生

尼采在許多著作中反覆強調：人生應該以藝術來理解。他主張「存在本身應以美學的標準來加以評估」，因為單靠理性或道德規範，無法掌握生命的豐富性。藝術不是附屬的消遣，而是一種存在的方式。當人以藝術的眼光看待自己的人生時，他不再只是遵循外在規範，而是開始以創作的態度活著。

美學中的自由

藝術的特徵在於自由創造，這種自由同樣適用於人生。尼采不滿傳統道德的僵化，因為它把人局限在善惡的框架裡，使人喪失創造的活力。美學卻能打開另一種可能：人可以把自己的生命當作畫布，透過選擇與行動不斷塑造。這種美學的態度，不是任意揮灑，而是在有限的條件裡創造獨特的形式。自由在這裡，不是逃避必然，而是賦予必然新的形狀。

倫理的不可或缺

然而，尼采並沒有否認倫理的重要性。他清楚知道，若只追求美學而忽略倫理，人生可能會淪為任性或虛無。倫理的意義在於，它提醒人：行動總是帶有後果，生命不是孤立的遊戲。真正的創造必須包含責任，而這正是倫理的核心。美學若缺乏倫理，將會空洞；倫理若缺乏美學，則會僵化。

美學與倫理的緊張

尼采特別看重美學與倫理之間的張力。美學呼喚自由與形式創造，倫理則呼喚責任與價值承擔。兩者看似對立，實則互補。若只偏向其中一端，生命都會失衡。尼采的洞見在於：人生必須同時是藝術與倫理的結合。人既要用創造的眼光看待生命，又要用責任的態度承擔後果。這種緊張，正是生命的真實樣貌。

美學化的倫理

尼采的創新在於，他提出「美學化的倫理」這個構想。他要人不再依循外在的規範來過活，而是把倫理視為一種藝術性的實踐。也就是說，責任本身也可以帶有風格。當一個人選擇承擔，而不是抱怨，他的承擔方式就展現了風格。這樣的倫理不是僵硬的命令，而是美學化的自我表現。

倫理化的美學

反過來，美學若要真正成立，也需要倫理的支撐。若一個人把人生當作藝術品，卻完全忽略責任，他的創作將淪為空洞的表演。尼采的觀點是：唯有當美學意識與倫理承擔結合時，人生的作品才具有重量。藝術之所以動人，正是因為它能在形式中承載價值。人生亦然。

寫作作為示範

尼采自己的寫作，就是美學與倫理交會的例子。他的語言風格獨特、節奏強烈，展現出美學的創造性；同時，他的寫作又是一種責任感的展現，因為他用文字挑戰虛無，承擔時代的困境。他的作品不只是哲學論述，而是生命本身的見證。這種寫作姿態，就是美學與倫理交織的具體實踐。

當代的啟示

在當代社會，美學與倫理的關係依然重要。消費文化常把美學淪為表面裝飾，而倫理則被壓縮為法律條文。尼采提醒我們：真正的生命養成，不是二者分離，而是二者結合。當代人若能把責任活得有風格，把創造活得有重量，就能走出膚淺與僵化，找到更深刻的存在方式。

小結

美學與倫理的交會意味著：人生既是一種藝術創作，也是一種價值承擔；唯有結合兩者，生命才真正完整。

第五節　語言的鍛造術

語言不是天然的

尼采提醒我們，語言不是天然就具備力量的東西。雖然人人都能說話，但能不能說得有力、說得真實，則完全不同。語言若只是隨意拼湊，就像生鐵般鬆散脆弱；要讓語言成為能夠承載思想的工具，必須經過長期的打磨。這正如鐵匠面對一塊原礦，他必須反覆鍛打，才能鍛造成真正堅韌的劍。

鍛造語言的過程

語言的鍛造，不是短時間的修辭訓練，而是整個生命的修練。尼采強調，文風與人格緊密相連，因此鍛造語言等於鍛造自我。這個過程需要三個步驟：首先是誠實，讓語言不虛假；其次是節奏，讓語言有力量；最後是風格，讓語言展現獨特性。每一次的寫作與表達，都是一次鍛造的動作，逐漸讓語言更有分量。

語言的節奏與音樂性

尼采深受音樂影響，他認為語言必須帶有節奏。沒有節奏的語言，就像沒有靈魂的聲音，雖然傳遞了訊息，卻缺乏感染力。尼采的文字之所以動人，是因為它帶著音樂的韻律，有時短促如鼓聲，有時綿延如旋律。語言的鍛造術，因此不只是語意的清晰，而是讓文字像樂音一樣，能觸動讀者的身心。

語言與精確性

鍛造語言還意味著對精確性的追求。尼采批評那些空洞、模糊的文字，因為它們只會掩蓋思想的貧乏。語言若要有力，必須像刀鋒一樣銳利，能準確地切入問題。這種精確性不是冰冷的技術，而是一種對真實的責任。尼采要我們警覺：當語言失去精確，就等於思想失去誠實。

語言的重量

尼采的語言帶有重量，因為他把每一句話都視為生命的錘擊。他不願意寫多餘的字，而是力求每個字都帶著力量。這種重量感來自於他對語言的嚴格要求：不允許空洞，不容許浮泛。鍛造語言就是要讓它能承擔生命的重量，而不是僅僅漂浮在紙上。

語言與風格的生成

當語言經過鍛造，它就會形成獨特的風格。風格不是刻意營造的裝飾，而是長期鍛造的自然結果。尼采的風格尖銳而詩意，就是因為他的語言在反覆鍛造中，成為他人格的一部分。風格不是「加上去」的東西，而是「鍛出來」的結果。語言的鍛造術，最後通往的就是風格的誕生。

當代的延伸

在當代社會，語言常因為過度使用而變得貧乏。網路時代的語言碎片化、速食化，使得文字失去了深度。尼采的語言鍛造術提醒我們：若要讓語言重新有力，就必須拒絕草率，回到耐心的鍛打。這不是懷舊，而是為了讓語言重新成為思想與生命的工具。

鍛造術與自我養成

最終，語言的鍛造術並不只是關於文字，而是關於自我。當一個人能夠鍛造語言，他同時也在鍛造自己的人格與態度。因為語言的銳利、誠實、重量，正是人格的銳利、誠實、重量。尼采要求我們把語言當作生命工坊裡的鐵件，日日鍛打，直到它能夠成為真正的武器。

小結

語言的鍛造術意味著：文字不是天生有力，而是經過反覆打磨與承擔，才能成為思想與人格的真實武器。

第六節　寫作作為自我練習

寫作不只是表達

在多數人的觀念中，寫作被視為一種外在的表達工具：我有了想法，再用文字把它記錄下來。然而，尼采卻有更深刻的洞見。他認為，寫作並不僅是表達，而是一種鍛鍊，一種自我修練的方式。當人將思想付諸文字時，他不僅僅是在傳達觀點，而是在與自己搏鬥、在磨練自己。寫作因此是一種「自我練習」。

寫作與思想的淬鍊

尼采強調，思想若只是停留在腦中，它往往模糊不清，缺乏重量。唯有把它寫下來，思想才會經受檢驗。文字是一面鏡子，它會迫使人看清自己真正的想法。許多人以為自己已經想明白，但當他動筆時才發現漏洞百出。寫作的過程，就像鍛造金屬一樣，把雜質燒掉，留下更精確、更有力的思想。

寫作與誠實的關係

尼采把誠實視為哲學家的最高美德，而寫作正是檢驗誠實的一種方法。當你寫下文字時，你必須面對它、承擔它，無法輕易否認。若思想只是口頭說說，它可以隨意更改；但一旦落筆，就成為需要承擔的東西。這樣的承擔，正是誠實的訓練。寫作讓人無法逃避自己的思想，迫使人更真誠。

寫作作為紀律

寫作也是一種紀律。它要求持續、要求專注、要求自我約束。尼采自己就是透過持續的書寫，將生命中的孤獨與病痛轉化為思想。他的格言體寫作不是隨興，而是經年累月的自我訓練。透過這樣的紀律，他養成了一種能量，能夠讓思想不斷向前推進。寫作因此成為日常中的哲學實踐。

寫作與自我塑造

尼采認為，自我是可以被塑造的，而寫作正是這種塑造的工藝之一。當人不斷地書寫，他同時也在不斷地重塑自己。語言如何被選擇、如何被排列，會反過來影響自我的形態。寫作因此不是反映既有的自我，而是鍛造新的自我。每一次的書寫，都是一次自我雕刻。

寫作的孤獨與勇氣

寫作往往是一種孤獨的練習。當人獨自面對白紙時，他沒有任何外在的依靠，只有自己與思想的對話。這種孤獨需要勇氣，因為它迫使人直面自己的不足與矛盾。尼采的許多作品，正是在孤獨中誕生的。寫作讓他能夠承擔孤獨，並把孤獨轉化為創造的力量。

寫作與行動的連結

尼采反對純粹空洞的理論，他要求思想必須能夠推動行動。寫作在這裡扮演了橋梁的角色。當思想被寫下來，它不再只是抽象的概念，而能成為行動的號召。尼采自己的文體就帶有這種特質：他的文字不只是告訴你什麼是真理，而是逼迫你重新思考並改變行動。寫作因此同時是一種實踐。

當代的延伸

在當代，寫作的意義依然深遠。許多人把文字當作工具，卻忽略了它的養成力量。尼采提醒我們，寫作可以是一種自我修練：它讓人更誠實、更精確、更有紀律。當代人若能重新把寫作視為自我鍛煉，而不是單純的輸出，就能在資訊爆炸的時代中，保持獨立與深度。

小結

寫作不是單純的表達，而是一種自我練習；它淬鍊思想、培養誠實、塑造自我，讓生命透過文字持續成長。

第七節　風格中的獨特存在

風格作為存在的印記

尼采在多處著作中提出「風格即人」的觀點，意思是：一個人的語言風格、表達方式，乃至於他處理思想與情感的姿態，本身就是他存在的印記。風格不是外加的裝飾，而是生命真實性的展露。正因如此，風格也成為判斷一個人是否活出獨特存在的重要標準。

拒絕模仿的勇氣

在尼采看來，風格之所以珍貴，是因為它無法複製。模仿他人的語言與態度，只會讓人失去自我。要養成真正的風格，必須有拒絕模仿的勇氣。這並不意味著否定學習，而是說學習的目的在於創造新的東西，而不是抄襲既有的形式。獨特存在的第一步，就是敢於擺脫既有範本。

風格與人格的一致

風格並不是外在技巧，而是人格的外放。當一個人的人格真實、強烈，他的文字與語言自然帶有一致性。相反地，若人格軟弱，即使文辭華麗，也顯得空洞。尼采之所以把風格等同於人，正是因為風格必然承載人格。獨特存在就是這種一致性：內在如何，外在就如何。

矛盾的和諧

尼采的風格之所以獨特，部分原因在於它能同時承載矛盾。他既能嚴厲批判，又能詩意讚美；既能冷酷，又能溫柔。這些矛盾並非互相抵消，而是在他的文字中達到一種和諧。這種和諧並非消弭衝突，而是把衝突納入整體之中。這正是獨特存在的象徵：不是沒有矛盾，而是能把矛盾轉化為風格。

風格與自由

風格同時也是自由的象徵。當一個人找到自己的風格，他也同時找到擺脫外在規範的方式。風格意味著：我不需要迎合既有的標準，而是能用自己的方式說話、思考與生活。這種自由並不是毫無約束，而是源於內在的自我決斷。風格因此是自由的形式化展現，是一個人活得真實的證明。

風格的重量

尼采的文字之所以具有震撼力，不僅因為他思想激烈，更因為他的風格有重量。每一句話都像是錘擊，帶著存在的力量。這種重量感來自他對語言的嚴苛要求：每一個字都必須承擔思想與生命的真實。當一個人的語言有重量時，他的存在也因此更具實感。獨特存在，就是這種重量在風格中的凝結。

當代人的挑戰

在現代社會，資訊氾濫、語言碎片化，風格往往被稀釋。許多人說話和寫作都趨向於公式化，缺乏個性。這種情況下，尼采的提醒更具啟發性：若要在群體中不被淹沒，就必須養成屬於自己的風格。風格不僅是審美選擇，更是存在的立場。它讓人從同質化的世界中，凸顯出自己的獨特性。

獨特存在的倫理

尼采的觀點同時帶有倫理意涵。因為風格不是隨意的姿態，而是誠實承擔生命的方式。若一個人的風格是空洞的，說明他沒有真正活出自己；若風格真實而鮮明，說明他已經在語言與生命中找到一致性。風格因此不僅是美學問題，也是倫理問題。它要求我們活得真實，而不是活在模仿裡。

小結

風格中的獨特存在意味著：人格與語言的一致、矛盾的和諧，以及拒絕模仿的勇氣；唯有如此，生命才能展現出不可取代的真實印記。

第八章

狂喜與節制：酒神的握手

第一節　狂喜的意義

狂喜作為生命的高昂狀態

尼采在《悲劇的誕生》中提出「酒神精神」(Dionysian spirit)，這是一種超越日常理性的生命狀態。他認為狂喜並不是一種短暫的情緒，而是一種生命能量的極致表現。當人進入狂喜，他不再只是孤立的個體，而是感受到自己與整個存在融為一體。這種融合帶來力量與釋放，使人超越了平庸的界線，觸及生命更深的層次。

狂喜不是放縱

許多人一提到狂喜，就會聯想到放縱或失控，認為它是危險的衝動。然而尼采要我們區分：狂喜不同於盲目的放縱。放縱是逃避，是軟弱；狂喜則是力量的展現，是生命能量滿溢時的狀態。它不是瓦解自我，而是讓自我超越原本的限制。狂喜因此不是毀滅，而是肯定。

狂喜與藝術的連結

尼采特別強調，藝術是狂喜的具體表現。音樂、舞蹈、詩歌，都能引發人進入一種超越日常的體驗。當人創作或沉浸於藝術時，他不再被功利與計算所支配，而是完全沉入一種純粹的存在感。藝術之所以動人，正是因為它喚醒了狂喜，使人短暫體驗到生命最豐沛的狀態。

狂喜中的自我消融

在狂喜中，個體的界線會暫時模糊。人不再固守「我」的疆界，而是感受到自己與他人、與自然、與宇宙相連。尼采認為，這種自我消融不是危險的，而是必要的。因為唯有透過消融，人才能跳脫狹隘的自我，觸及更廣闊的存在。狂喜因此是一種自我解放，它讓人擺脫自我囚籠，經驗到更自由的生命。

狂喜與痛苦的交織

狂喜並不等於純粹的快樂，它往往伴隨痛苦。尼采指出，酒神精神總是把痛苦與歡樂交織在一起。因為只有當人面對痛苦時，他才可能突破自我的界線，進入更深層的體驗。狂喜因此是一種強烈的混合：它既包含撕裂，也包含解放；既是痛苦的極限，也是肯定的極限。

狂喜的肯定力量

尼采最重視的是，狂喜帶來肯定。當人處於狂喜中，他不再懷疑、不再猶豫，而是全然地對存在說「是」。這種狀態讓人從懷疑與否定中解放，獲得一種徹底的生命力量。尼采要我們理解：狂喜不是要逃離現實，而是要徹底擁抱現實。狂喜的意義正在於，它讓人以最強烈的姿態去命運之愛。

當代的狂喜經驗

在當代社會，狂喜的經驗依然存在。音樂會、運動競賽、集體舞動，甚至宗教儀式，都能讓人短暫進入狂喜狀態。這些時刻讓人跳脫平日的計算，體驗到生命的豐盈。尼采的洞見提醒我們，不要輕視這些經驗，因為它們揭示了生命的另一種可能：人並不是只能理性地活著，他也能以狂喜的方式確認自己的存在。

狂喜與自我養成

最終，狂喜的意義在於它能夠養成自我。透過狂喜，人學會突破界線，學會承擔痛苦，學會全然地說「是」。這種經驗會反過來塑造人格，使人不再只是日常的庸碌存在，而是能夠以藝術般的眼光看待生命。狂喜因此不是短暫的衝動，而是一種教育，一種自我成長的方式。

小結

狂喜的意義在於，它讓人超越自我，擁抱痛苦，並以最強烈的姿態對生命說「是」，成為存在最深的肯定。

第二節　節制的必要

節制不是壓抑

當人們聽到「節制」時，往往會把它理解為壓抑——好像節制就是對欲望的禁止、對衝動的打壓。然而尼采提醒我們，真正的節制並不是壓抑，而是力量的引導。壓抑是恐懼的產物，而節制則是意志的展現。它並不是要消滅衝動，而是要讓衝動在適當的時機與形式中釋放。節制因此不是反對生命，而是讓生命走向更高層次。

日神精神的面向

在《悲劇的誕生》中，尼采提出「酒神精神」與「日神精神」的對比。酒神象徵狂喜、激情、超越個體的融解；日神則象徵秩序、形式與節制。兩者並非對立，而是互補。若只有酒神，人類會陷入無盡的狂亂與毀滅；若只有日神，則會陷入僵化與死板。節制正是日神精神的重要面向，它讓狂喜不至於失控，也讓生命保持平衡。

節制作為持久力的根源

尼采指出，生命不是短暫的爆發，而是持續的實驗。狂喜能帶來力量，但若沒有節制，這股力量往往過快耗盡。節制提供的是一種持久力，它讓人懂得如何調整節奏，如何避免過度消耗。這就像音樂中的休止符——沒有休止符，樂曲會變成雜亂的噪音；有了節制，樂曲才能形成結構與美感。生命也是如此，節制是長遠創造的基礎。

節制與自我掌控

尼采一再強調，自我的養成需要主體性。而節制正是主體性的訓練。因為唯有能控制自己的人，才能真正自由。若一個人完全受制於欲望與衝動，他看似自由，實際上卻是奴隸。節制並不是要消除欲望，而是要讓欲望聽命於意志。這種自我掌控使人不再被外在的誘惑牽動，而能夠以主人般的姿態活著。

節制與形式之美

節制不僅是倫理的問題，也是一種美學的要求。尼采深知，沒有形式的生命，就像沒有形狀的材料，無法成為藝術品。節制賦予生命形式，使它不至於流於混亂。這不是消磨力量，而是讓力量以更高貴的方式展現。就像雕刻必須去掉多餘的石頭，才能顯現形象，節制同樣是一種去蕪存菁的藝術。

節制防止虛無

尼采批判現代人容易墮入虛無主義，而缺乏節制是其中一個原因。當人只追求狂喜、追求刺激，而沒有節制，他最終會感到空虛。因為任何快感都無法永恆持續，過度的追逐只會帶來耗竭。節制在這裡提供了一種解方：它提醒人珍惜當下，懂得分寸，避免在極端之後陷入虛無。節制因此不只是保護生命，更是對抗虛無的重要力量。

當代的啟發

在當代社會，節制的必要性更加顯著。資訊爆炸、欲望無限被刺激，讓人更容易沉迷於過度。尼采的提醒依然犀利：若沒有節制，人就會失去平衡，生命最終不是燃燒殆盡，就是淪為空洞。節制不是否定激情，而是保護激情，使它能長久而深刻地發揮力量。

狂喜與節制的互補

最終，尼采強調的不是狂喜或節制孰優孰劣，而是二者的互補。節制讓狂喜不至於失序，狂喜則讓節制不至於僵化。兩者的張力構成了生命的藝術。節制的必要性在於，它不是要壓制酒神，而是與之握手，讓生命同時擁有激情與秩序，展現出更完整的存在。

小結

節制的必要在於，它不是壓抑，而是引導；它賦予生命持久力與形式，使狂喜得以轉化為真正的創造。

第三節　生活中的酒神時刻

酒神精神並非遙遠

尼采在《悲劇的誕生》中提出「酒神精神」時，許多人以為那只是古希臘宗教儀式中的狂舞與祭典。然而，若仔細體會，我們會發現酒神精神並不遙遠，它潛藏在每一個人的日常生活裡。所謂的酒神時刻，並不是指酗酒或失控的放縱，而是生命突然迸發出來的一種高昂狀態，一種讓人脫離平庸，感受到與存在合而為一的瞬間。

藝術中的酒神時刻

最直接的酒神經驗，往往來自藝術。當我們在音樂會中，隨著旋律全身顫動；當我們在劇場裡，被悲劇角色的命運深深震撼，甚至忘了自己與臺上角色的界線；或當我們在畫作前感受到難以言喻的力量時，這些都是酒神時刻。尼采認為，藝術不是裝飾，而是一種存在方式。它之所以動人，正是因為它能讓人短暫體驗酒神精神。

集體狂歡中的酒神精神

酒神精神不只存在於藝術創作，也存在於群體經驗。例如音樂祭、運動賽事、甚至宗教儀式，當群眾隨著共同的節奏舞動或呼喊時，個體的界線消融，取而代之的是一種「集體狂喜」。尼采提醒我們，這種時刻既可能帶來崇高，也可能帶來危險。因為在集體中，人容易忘記自我，但同時也能觸及平時無法感受到的力量。酒神時刻，正是這種模糊與震撼的體驗。

個人生活裡的微型酒神時刻

酒神精神不必等到盛大的儀式或集體狂歡才會出現，它也能在日常生活的小片刻中閃現。比如，當你沉浸於一段旋律，突然覺得世界靜止；或當你在奔跑中，感受到身體與大地融為一體；又或者當你在戀愛的激情裡，短暫忘卻了自我的界線。這些片刻都是酒神時刻，它提醒我們，生命並不只是理性與計算，也有超越的維度。

痛苦中的酒神時刻

酒神精神的另一個面向，是它與痛苦相連。當人經歷巨大的悲傷或撕裂時，有時會突然感到一種奇特的清明，甚至覺得自己被某種力量擁抱。這種經驗並不是愉悅的，但它同樣屬於酒神的範疇。因為酒神精神的本質，是讓人超越個體界線，進入更深層的存在。即便是痛苦，也能成為通往酒神時刻的入口。

酒神時刻與自我解放

酒神時刻的核心意義，在於它帶來自我解放。當人陷入酒神經驗時，他暫時擺脫了自我中心，不再斤斤計較得失，而是全然沉入存在之中。這種經驗讓人從日常的桎梏裡鬆脫，獲得一種新的自由。尼采強調，酒神精神不是逃避現實，而是讓人更深刻地擁抱現實，因為唯有在這種狀態下，人才能體會到生命的浩瀚。

當代生活中的延伸

在當代，酒神時刻依然是生命不可或缺的一部分。雖然我們生活在高度理性化與規範化的社會裡，但人依舊需要這些超越的經驗。無論是參與演唱會、投入運動、追隨信仰、甚至在創作過程中進入心流，這些經驗都能帶來酒神時刻。它提醒我們：生命不是只有秩序與節制，也需要狂喜與解放。

酒神時刻的教育功能

尼采特別強調，酒神時刻不只是短暫的感受，它也具有教育功能。當人經歷這些時刻，他會被迫重新思考自己的界線，重新檢視生命的價值。酒神時刻讓人明白，存在不只是理性與邏輯，而是包含激情、痛苦與融合的複雜狀態。這種體驗能夠塑造人格，使人不再停留在淺薄的日常，而能承擔更深的生命。

小結

生活中的酒神時刻提醒我們：狂喜並非遙不可及，它隱藏在藝術、群體、愛情與痛苦中，成為人類超越自我、體驗生命深度的重要契機。

第四節　過度與崩解的危機

狂喜的陰影

尼采讚美狂喜，因為它讓生命觸及最深的肯定；然而，他同時清楚意識到狂喜的危險。若狂喜缺乏節制，它就會滑向過度。這種過度看似是一種力量的展現，實際上卻可能導致耗竭與崩解。狂喜若不被引導，就像洪水一樣，不僅無法滋養生命，反而會吞沒一切。

狂喜的幻象

狂喜之所以危險，在於它常常披著「自由」的外衣。人們在狂喜中，以為自己獲得了解放，實則被衝動奴役。尼采指出，真正的自由來自於力量的掌握，而不是任憑力量恣意奔放。當人把狂喜誤以為是無限自由時，他其實已經失去主體性。過度是一種幻象，它給人力量的假象，但背後潛藏著瓦解。

酒神精神的失衡

酒神精神若缺乏日神的節制，就容易走向失衡。這種失衡會讓人陷入盲目的狂亂，甚至失去與現實的連結。尼采在分析希臘文化時就指出，當酒神精神過度而失去日神的調和，藝術將不再是深刻的悲劇，而會淪為純粹的放縱。這種放縱最終會導致文化的崩解。對個體而言，亦是如此。

過度與耗竭

狂喜若過度，最直接的後果就是耗竭。生命能量是有限的，若一次性地過度釋放，就會讓人陷入虛脫。這種耗竭不僅是身體的，也可能是精神的。許多人在短暫的狂喜後，感到更深的空虛，這正是因為能量被過度消耗。尼采提醒我們，若要讓生命持久，狂喜必須被調整，否則它的光芒會迅速熄滅。

過度帶來的虛無

尼采對虛無主義的批判，與過度密切相關。當人過度追逐狂喜，他會發現再強烈的體驗也無法永恆持續。這種落差會讓人感到失望，進而陷入虛無。過度因此不僅帶來耗竭，更可能導致價值的崩潰。因為在無止盡的追逐後，人最終會覺得一切都沒有意義。這正是尼采所警告的危機。

狂喜與自我喪失

狂喜的另一個危險在於，它容易讓人失去自我。酒神精神本來是讓人超越狹隘的自我，進入更廣闊的存在；但若過度，它反而會摧毀自我，使人徹底失去主體性。這種失去並不是解放，而是瓦解。人不再是自由的創造者，而成為衝動的犧牲品。過度因此使酒神精神背離了它原本的肯定力量。

崩解的文化隱喻

當一個文化只追求狂歡與享樂，缺乏日神精神的調和，它將逐漸崩潰。這個觀點對個體同樣適用：當人只追逐過度的體驗，而不懂得節制，他的人格將逐漸崩解。崩解不一定是瞬間的，而是逐步的瓦解。

當代的過度現象

在當代社會，過度的危機更為突出。無止盡的娛樂、資訊與消費，讓人不斷追求刺激，卻很快感到空虛。這種現象正是尼采所說的「過度」：它讓人誤以為自己很充實，實際上卻在逐步崩解。尼采的洞見提醒我們：過度不是力量，而是弱點的表現。唯有節制，才能避免這種崩解。

小結

過度與崩解的危機揭示：狂喜若失去節制，將導致耗竭、虛無與自我喪失；唯有在張力中保持平衡，生命才能持續展現真正的力量。

第五節　節制作為持久力

節制的正面價值

尼采對「節制」的理解，絕非僅僅是壓抑。他一再強調，節制是一種正面的力量，是生命自我掌控的展現。它讓人懂得如何分配能量，避免短暫的爆發之後陷入耗竭。若狂喜代表瞬間的光芒，那麼節制就是讓光芒得以長久燃燒的核心。節制不消滅狂喜，而是讓狂喜有條件地持續。

持久力的意義

尼采特別看重「持久力」這個概念。因為生命不是一次性的煙火，而是一場長遠的實驗。若沒有持久力，任何激情都會迅速消逝。節制就是持久力的來源，它賦予人一種能夠長時間承擔的能力。這不是要減少生命的強度，而是要讓強度能被維持。沒有節制，強度會自我毀滅；有了節制，強度才能轉化為創造的養分。

日神精神的穩定作用

在《悲劇的誕生》中，日神精神象徵秩序、形式與節制，它的作用正是提供穩定的框架。沒有這個框架，酒神精神會成為混亂。節制在此的功能，就像建築的基礎：再華麗的結構若沒有基礎，終將倒塌。節制讓激情有地方可以落腳，使它不至於耗散在虛空之中。

節制與自我調律

尼采常提醒人，要做自己生命的工匠。而節制正是自我調律的技巧。當人懂得適時停下、適度調整，他就能讓能量保持穩定輸出。這種調律不是放棄，而是戰略性的安排。正如音樂需要休止符來創造節奏，人生也需要節制來維持張力。節制因此是一種藝術，它讓生命的旋律更耐聽、更悠長。

節制避免虛無

過度的狂喜往往導向虛無，因為再強烈的體驗都無法永遠持續。當人陷入追逐卻無法得到時，他會感到空虛。節制的作用在於，它提醒人懂得珍惜，把有限的能量用在有意義的地方。當人懂得節制，他就不會在追逐的幻象裡失落，而能在有限之中找到價值。節制因此也是對抗虛無的一種力量。

節制與責任

節制不只是個人的選擇，也是一種倫理。因為狂喜若過度，不僅危害自己，也可能波及他人。節制要求人承擔責任，懂得分寸。這樣的責任感，並不是外在規範強加，而是自我對生命的尊重。當人懂得節制，他同時也在展現一種成熟：不僅為自己燃燒，也為整體的生命留有空間。

當代的意義

在當代社會，節制的必要性更加突出。快速消費文化推動人不斷追逐新的刺激，卻使人迅速耗竭。尼采的提醒依然犀利：唯有節制，才能讓人活得長遠。這不是要壓抑欲望，而是要讓欲望成為長久的動力，而非短暫的幻影。節制的智慧，正是當代人面對資訊、娛樂與欲望氾濫時不可或缺的生存之道。

節制與生命藝術

尼采要我們把生命當作藝術來看待。若狂喜是顏料，節制就是畫布；若狂喜是音符，節制就是節奏。沒有畫布，顏料無法成形；沒有節奏，音符變成噪音。節制並不是反對狂喜，而是使狂喜化為藝術的一環。唯有在節制的支持下，生命才能成為真正的作品，而不是隨機的拼湊。

小結

節制作為持久力，意味著它並非壓抑，而是引導；它讓激情得以持續，讓生命的強度轉化為長遠的創造。

第六節　狂喜與節制的和諧

和諧不是均分

當尼采談論狂喜與節制時，他並不是要求我們把兩者均分，好像各占一半就是最好的比例。真正的和諧並非數學上的平均，而是生命狀態中的動態平衡。狂喜與節制之間的和諧，更像是一場持續的對話，它需要隨著處境調整，隨著生命的節奏而變動。尼采要我們學會承受這種流動性的和諧，而不是追求靜態的安逸。

狂喜中的秩序

狂喜若沒有節制，很容易走向混亂；但當節制滲入其中，它便能展現出更高的形式。和諧的關鍵在於：即使在狂喜的高峰，人仍能保持某種秩序感。這並不是壓抑，而是一種深層的掌控。就像音樂中最激烈的樂章，仍然有結構支撐，才能避免淪為噪音。和諧因此不是削弱狂喜，而是讓狂喜更有力量。

節制中的激情

相對地，節制若只有形式，則容易僵化。和諧的另一面，是讓激情進入節制之中，使秩序本身不死板，而是充滿生命力。這意味著，節制並不是冷冰冰的規範，而是一種有韻律的調整。當節制與激情相遇，它不再是禁令，而是創造的節奏。尼采提醒我們，真正的節制必須保有火焰，而不是熄滅火焰。

和諧的藝術性

尼采在談希臘悲劇時指出，它的偉大在於融合了酒神與日神的力量。悲劇同時有痛苦與美感，有撕裂與形式，這種融合正是和諧的典範。生命的和諧亦然：當狂喜與節制共存時，人生會呈現一種藝術性的姿態。它不再只是單調的道德，也不只是無序的激情，而是一種既有深度又有形式的作品。

和諧作為教育

尼采認為，狂喜與節制的和諧是一種教育。因為人往往傾向於極端，要不是陷入無盡的追逐，要不就是僵化於規範。唯有經歷這兩種極端，人才能學會調和，找到和諧。這種教育不是外在教條，而是生命實驗的結果。每一次的失衡，都在教導我們什麼是平衡。和諧因此不是理論上的答案，而是生活中反覆鍛造的成果。

當代的啟示

在當代社會，這種和諧尤為重要。一方面，我們被娛樂、消費與即時享樂推向過度的狂喜；另一方面，我們又被規範、效率與理性壓縮進過度的節制。尼采的洞見提醒我們，不要選邊站，而是要承擔這兩股力量，並在其中找到和諧。唯有如此，當代人才能避免陷入空虛或僵化，並找到更深刻的生命節奏。

和諧的倫理意涵

狂喜與節制的和諧不僅是美學問題，也是一種倫理姿態。因為它要求人對自己負責，既不逃避生命的激情，也不逃避生命的限制。這樣的和諧是一種成熟：能夠擁抱矛盾，而不是急於消除矛盾。尼采的哲學在此展現出一種深層的倫理學，它不是規範性的命令，而是存在的態度。

小結

狂喜與節制的和諧意味著：在張力中找到平衡，在激情中保持秩序，在形式中保有火焰;這樣的和諧才是真正的生命藝術。

第九章

拒絕「應該」：選擇與拒絕的技術

第一節　「應該」的枷鎖

「應該」的隱形力量

在人類的語言裡，「應該」是一個看似中立卻充滿重量的字眼。它不只是描述，而是帶有命令色彩的規範。當我們聽到「你應該這樣做」、「你應該那樣想」時，往往不是因為我們真的願意，而是因為社會、傳統或他人把某種義務加諸於我們。尼采看穿這一點，他指出「應該」其實是一種隱形的枷鎖，它把人從自由的存在變成被動的服從者。

道德的規訓

尼采在《道德的系譜》中詳細分析了「應該」的起源。他認為，傳統道德並不是自然的產物，而是歷史上的權力關係所塑造。強者把價值強加於弱者，宗教用罪感維繫秩序，社會以習俗規訓人心。結果，人內化了這些外在規範，把它們當作「應該」。於是，自由的人被馴化成順從的個體，失去了創造的力量。

罪惡感的鎖鏈

「應該」最常見的伴隨物，就是罪惡感。當人沒有做到「應該」的事情時，他會覺得自己有錯。這種內疚不是自然的情感，而是文化的製造。尼采強調，罪惡感是一種權力的工具，用來讓人持續處於自我監控的狀態。人一旦被罪惡感束縛，他就難以超越，因為他不再追求自己的可能，而是害怕違反規範。

「應該」與奴隸道德

尼采把「應該」視為奴隸道德的核心。奴隸道德是由弱者創造出來的，它把服從、美德、謙卑、忍耐當作價值，並把力量、創造與自信妖魔化。於是，「應該」總是要求人壓抑衝動、順從規則、否定自我。這種價值體系讓人活得安全，卻也讓人失去了成為自己的可能。尼采因此提出：要掙脫奴隸道德，就必須先質疑「應該」。

「應該」的社會面具

在日常生活中，「應該」以各種面具出現：社會期待、家庭責任、職場規範、文化習俗。它們看似合理，實際上卻讓人活在他人的眼光裡。例如，「你應該結婚」、「你應該穩定」、「你應該努力賺錢」，這些話語看似為你好，但往往忽略了你的獨特性。尼采要我們看清：所謂的「應該」，往往不是出自自我，而是社會的投射。

「應該」的心理效應

心理學的角度也能印證尼采的洞見。當人內化過多的「應該」，就會出現焦慮、內疚與壓力。因為「應該」永遠無法被完全滿足，它是一個無窮的要求。人因此陷入持續的自我否定，無論怎麼努力都覺得不夠好。這種心理效應讓人消耗心力，卻無法真正成長。尼采要我們打破這種迴圈，把「應該」還原為它的本質：一種外在的規訓，而不是內在的真理。

「應該」與自由的對立

尼采認為，真正的自由不是隨心所欲，而是能夠自己立法。自由的人不是遵循「應該」，而是依照自己的價值行動。當人活在「應該」裡，他只是他人的奴隸；當人敢於拒絕「應該」，他才開始成為自己。這並不是否認所有規範，而是要分辨：哪些是源於自我創造，哪些只是外在強加。自由的核心，就是有能力拒絕那些不屬於自己的「應該」。

當代的「應該」困境

在當代社會，「應該」以更隱性的方式存在。社群媒體製造出完美生活的幻象，讓人覺得「我應該更成功」、「我應該更快樂」、「我應該更有影響力」。這些隱形的要求讓人陷入比較與焦慮。尼采的批判在此依然犀利：若不質疑「應該」，我們只會活在他人的價值裡，而不是活在自己的創造裡。

小結

「應該」的枷鎖揭示：當人被外在規範與罪惡感支配時，他就失去了自由與創造；唯有敢於拒絕「應該」，生命才能重新獲得屬於自己的重量。

第二節　選擇作為力量

選擇不是偶然

多數人把選擇理解成偶然性的抉擇——好像人生只是在不同的路口隨機挑一條路。然而，尼采認為選擇是一種力量的展現，而不是隨機的運氣。當人做出選擇時，他同時展現了自己的價值觀、勇氣與承擔的能力。選擇不只是路徑的差異，而是人格的印記。

選擇與自由的連結

尼采將「自由」定義為能夠自己立法，而非被外在規範支配。選擇正是自由的具體表現。當一個人不再被「應該」所奴役，而能依循自己的價值作決定時，他的選擇就成為自由的證明。這意味著，真正的自由不是想做什麼就做什麼，而是能夠選擇什麼值得去做。

選擇作為價值的創造

尼采強調，世界本身沒有固定的價值，是人透過行動創造價值。選擇正是這個創造的核心。當一個人選擇一條道路，他同時也在說：「這是值得的。」這個判斷不是自然存在的，而是透過選擇被肯定下來。選擇因此不僅是反應環境，而是主動地生成價值。

選擇的重量

尼采的哲學中常強調「承擔」。選擇之所以是一種力量，就在於它必然帶來重量。每一個選擇都意味著拒絕其他可能，意味著要承擔後果。若人只想逃避這個重量，他的選擇就淪為空洞。真正的力量來自於：能夠承擔選擇的重量，而不後悔、不逃避。這樣的選擇才具有存在的厚度。

選擇與永劫回歸

在尼采的「永劫回歸」思想中，選擇的意義被推到極限。若生命將無限重複，每一個選擇都不會消失，而會不斷重播。這意味著，你能否承擔自己所選的道路，直到永恆？這樣的思想實驗迫使人重新看待選擇：它不再是暫時的方便，而是永恆的承諾。能夠承擔這樣的選擇，才是真正的強大。

選擇與拒絕的關聯

尼采提醒我們，選擇不僅僅是肯定某條路，也是拒絕其他道路。當一個人選擇，他同時必須拒絕。這個拒絕正是選擇的力量所在，因為它顯示了清楚的界線。若一個人不敢拒絕，他的選擇就失去堅定性。能夠清楚地說「不」，才是真正的「是」。

當代人對選擇的焦慮

在當代社會，選擇反而成為一種焦慮來源。因為機會太多，資訊太多，人反而不知道如何下決定。許多人因此陷入拖延或猶豫，最終把選擇交給環境或他人。尼采的洞見提醒我們：選擇不是被迫的困境，而是展現力量的時刻。當代人若能重新理解選擇的價值，就能把焦慮轉化為行動的契機。

選擇與自我養成

最終，尼采把選擇視為自我養成的工藝。每一次選擇都是一次自我塑造，它讓人不再只是被動的存在，而是主動的創造者。選擇不是外在的事件，而是內在的鍛造。當一個人持續在選擇中承擔，他就逐漸養成獨特的人格。選擇因此不只是工具，而是存在本身的力量。

小結

選擇作為力量，意味著它不只是路徑的差異，而是價值的創造與承擔；唯有敢於選擇並承受其重量，生命才能成為真正屬於自己的作品。

第三節　拒絕的藝術

拒絕不是消極

在大多數人的眼裡，「拒絕」常常帶有負面意涵，好像它意味著逃避、冷漠或自私。但尼采提醒我們，唯有懂得拒絕，人才能夠保有自我，避免被外在的「應該」與過度的要求吞沒。拒絕是一種力量，它象徵著一個人敢於劃出界線，敢於說「這不是我要的」。

拒絕與價值肯定

尼采的哲學中強調「價值的重估」，而拒絕正是這個過程的核心。當人拒絕一種價值時，他並不是單純地否定，而是同時肯定另一種價值。拒絕「順從」，就是肯定「自由」；拒絕「平庸」，就是肯定「超越」；拒絕「奴隸道德」，就是肯定「主人道德」。這意味著，拒絕不是空洞的反對，而是一種創造性的行動。

拒絕的勇氣

拒絕需要勇氣，因為它往往意味著要承受孤立與不被理解。社會期待每個人遵循「應該」，一旦有人說「不」，他很容易被視為異類。然而，尼采認為這正是成為自己的必要條件。若一個人沒有勇氣拒絕外在的強迫，他就只能活在別人的框架裡。拒絕因此是一種試煉，它測驗一個人是否真的敢於自由。

拒絕的界線

拒絕的藝術，同時也包含劃定界線的能力。這並不是要與世界隔絕，而是要清楚區分：什麼是屬於我的，什麼不是。沒有界線的人，容易被外界的需求與期待淹沒；懂得劃界的人，才能保有完整的自我。尼采會說，拒絕就是自我保護的一種形式，也是自我肯定的一種方式。

拒絕的積極性

拒絕不僅是防禦，也是一種積極的建構。因為拒絕某些東西，才能為新的可能騰出空間。拒絕過度的干擾，才能專注於創造；拒絕無謂的模仿，才能找到自己的風格；拒絕庸俗的價值，才能建立新的價值體系。拒絕因此是一種藝術，它需要判斷、需要勇氣，更需要清楚的方向。

拒絕與孤獨

尼采一再強調，孤獨是思想者的宿命。而拒絕往往是通往孤獨的途徑。當一個人拒絕群體的價值，他勢必會暫時與群體保持距離。這種孤獨不是懲罰，而是孕育的土壤。因為唯有在孤獨中，人才能真正聽見自己的聲音。拒絕因此不是結束，而是開始：它讓人進入孤獨，並在孤獨中誕生新的創造。

當代的拒絕實踐

在當代社會，拒絕的藝術更加重要。資訊氾濫、廣告誘惑、社會比較，讓人無時無刻不被要求「應該」。若沒有拒絕的能力，人很容易被這些外在力量牽著走，最終失去自我。學會拒絕，就是學會選擇；學會拒絕，就是學會承擔自己的路。尼采的提醒是：拒絕不是冷漠，而是一種對生命的深刻責任。

拒絕與超人精神

最終，尼采把拒絕提升到「超人」的層次。超人並不是無所不能的人，而是能夠創造新價值的人。而要創造新價值，首先就必須拒絕舊價值。拒絕在這裡成為一種藝術，它不是憤世嫉俗的否定，而是開創未來的第一步。超人之所以自由，正是因為他懂得說「不」，而這個「不」本身就是一種「是」。

小結

拒絕的藝術顯示：它不是消極的否定，而是積極的創造；唯有懂得拒絕，人才能劃出界線，承擔孤獨，並開創屬於自己的價值世界。

第四節　對自己誠實的勇氣

誠實不是自然的

誠實在我們日常語言裡似乎是一種理所當然的美德，但尼采提醒我們，真正的誠實並不自然，尤其是對自己誠實。人往往願意對他人坦白，卻很少願意赤裸地面對自己。因為對自己誠實意味著撕開自我製造的幻象，看清自己不願承認的軟弱、怯懦與陰影。這不是輕易能做到的事，它需要一種勇氣 —— 一種能直視真相的力量。

自欺的普遍性

尼采觀察到，人類最普遍的習慣就是自欺。我們習慣用各種理由、藉口、價值外衣來美化自己的選擇，好讓自己覺得合理。比如，把怯懦說成謹慎，把投降說成智慧，把服從說成美德。這些自欺機制看似保護了我們，實際上卻讓我們遠離真實。尼采直言，若一個人無法停止自欺，他永遠無法開始成為自己。

誠實作為拆解幻象

對自己誠實的第一步，就是拆解幻象。這並不代表否定一切，而是學會檢驗：這些所謂的價值，究竟是我自己的，還是外在強加的？這些理由，究竟是真正的信念，還是自我安慰的藉口？尼采認為，拆解幻象是必要的痛苦，因為它讓人失去虛假的安穩，卻換得清醒的自由。

誠實與殘酷

誠實不等於溫柔，它往往帶來殘酷。因為當人看清自己，他會發現自己遠比想像中卑微、矛盾與軟弱。但這份殘酷是必要的，它像手術一樣，雖然痛苦，卻是治癒的開始。誠實需要的不是技巧，而是敢於承受這份殘酷的勇氣。

誠實與自由

尼采認為，自由的核心在於自我認識。若人不誠實，他的自由只是幻象。只有當人能面對自己內在的欲望、恐懼與衝突時，他才可能做出真實的選擇。誠實因此是自由的前提。沒有誠實，選擇只是外在規範的延續；有了誠實，選擇才是自我的創造。

誠實與責任

誠實不僅是對自己的要求，也意味著承擔責任。當人誠實地看見自己，他就再也不能把問題推給命運或他人。他必須承認：我之所以如此，是因為我選擇如此。這種責任感沉重，但同時也是力量的來源。誠實迫使人承擔生命，而不是把生命交託給外在的「應該」。

誠實的孤獨

誠實還會帶來孤獨。因為當你開始對自己誠實，你會發現許多群體共享的幻象不再適用。你可能不再願意隨波逐流，不再輕易接受群體的價值。這會讓你顯得格格不入，甚至被誤解。但尼采會說，這份孤獨是誠實的代價，也是誠實的榮耀。因為唯有孤獨，才能讓你真正聽見自己的聲音。

當代的挑戰

在當代，對自己誠實的挑戰更為嚴峻。社群媒體塑造出各種幻象，讓人容易活在比較、裝飾與自我美化之中。每個人都被鼓勵展現一個「理想化的自己」，卻鮮少有人願意誠實地面對

「真實的自己」。尼采的洞見在此依然犀利：若人不敢誠實，他就只能活在謊言裡，而謊言終將腐蝕靈魂。

小結

對自己誠實的勇氣意味著：敢於拆解幻象，承受殘酷，承擔責任，並在孤獨中保持清醒；唯有如此，自由與創造才可能真正展開。

第五節　如何設定界線

界線的哲學意義

尼采的思想處處展現了劃定界線的重要性。界線代表自我與他人、自我與社會、自我與世界的分野。若沒有界線，人將被外在淹沒，失去獨立性。界線不是逃避，而是承認自我與他者之間的差異，並保護這份差異不被抹平。

界線與自我肯定

劃界線的第一個意義，在於自我肯定。當一個人敢於說「這裡是我的範圍，那裡不是」，他其實在宣告自我的存在。界線是一種聲明，它讓人不再被動，而是主動地劃出自己的領域。尼采強調「成為自己」，而成為自己首先就需要界線。沒有界線的人，只能活在他人的規範與期待裡。

界線與拒絕

界線的實踐，就是拒絕的具體化。當你劃出界線，你同時也在拒絕那些越界的要求。這並不是冷漠，而是一種選擇。界線讓拒絕有依據，讓人能清楚地說「不」。尼采認為，若一個人不敢拒絕，他就不可能自由。界線因此成為拒絕的條件，也成為自由的起點。

界線與責任

然而，界線不僅是保護自己，它同時意味著承擔責任。當你劃出界線，你就必須對這個範圍內的選擇與行動負責。界線不是一堵牆，而是一種承諾：我願意守護這裡，並為它承擔結果。尼采一再強調承擔的重要性，而界線正是讓承擔變得具體的方式。

界線與力量分配

界線的另一個價值，在於力量的分配。人若不懂得設限，他的能量會被外在需求消耗殆盡。界線幫助人集中力量，把有限的精力投入在真正重要的地方。這不是自私，而是一種智慧。尼采認為，強者之所以能創造，不是因為他無窮無盡，而是因為他懂得把力量用在值得的方向。界線因此是一種策略，它讓創造得以持續。

界線與孤獨

設立界線也會帶來孤獨，因為它往往意味著與群體保持距離。群體的價值常常要求人模糊自我，當你開始劃界，你就不再完全符合群體的期待。尼采提醒我們，不要畏懼這份孤獨，因為正是在孤獨中，人才能鍛造自我。界線是孤獨的起點，但孤獨本身就是孕育自由的土壤。

當代的界線挑戰

在當代社會，界線變得格外模糊。工作與生活交疊，社群媒體模糊了私人與公共的界線，科技讓人無時無刻不處於連線狀態。在這種情況下，若沒有清楚的界線，人很容易被需求與資訊淹沒。尼采的提醒在此依然有效：要想保有自我，必須勇敢地劃界。界線不是退縮，而是確立自我存在的方式。

界線與超人精神

尼采的超人精神，最終也需要界線。超人之所以自由，不是因為他沒有限制，而是因為他能自己決定界線。這些界線不是外在強加的「應該」，而是他自己設定的規則。超人敢於拒絕，也敢於承擔，這正是界線的最高形式。界線在這裡不再是束縛，而是創造的框架。

小結

如何設定界線，意味著如何確立自我；它不僅是保護的手段，更是拒絕的實踐、責任的承擔與創造的前提。唯有勇敢劃界，生命才能真正屬於自己。

第六節　責任與自由的平衡

自由的兩難

在人類的語境中，自由常常被想像成一種沒有束縛、沒有限制的狀態。但尼采指出，若自由只是「想做什麼就做什麼」，那麼它很快就會墮落成放縱。真正的自由並不是毫無規範，而是能夠自己立法，為自己設定規則。這也意味著，自由的背後必然隱含著責任。沒有責任的自由，只是一種幻影。

責任的沉重

相對地，責任在傳統的理解裡，往往顯得壓抑與沉重。人被要求對家庭、社會、國家負責，久而久之，責任似乎成為壓迫自由的手段。但尼采提醒我們，責任並不是壓迫本身，而是看我們如何理解與承擔。若責任僅僅是外在「應該」的要求，它確實會使人失去自由；但若責任是自我選擇的承諾，那麼它反而是自由的深化。

平衡的張力

尼采的思想一再強調張力：日神與酒神、狂喜與節制、力量與形式。同樣地，自由與責任也必須被理解為一種張力。兩者若完全分離，就會導致偏差：只有自由，會讓人迷失於衝動；只有責任，會讓人窒息於規範。唯有在張力中找到平衡，生命才能保持創造性的活力。

責任作為自由的證明

尼采會說，真正的自由必然包含責任。因為當一個人敢於選擇，他也必須敢於承擔選擇的結果。這份承擔就是責任。若一個人總想逃避後果，他的自由就只是幻覺。自由的價值不在於逃避，而在於承受。能夠對自己的選擇負責，就是自由的最高證明。

自由作為責任的轉化

反過來說，責任也不必被理解為枷鎖。當一個人主動選擇他的責任時，責任本身就轉化為自由。比如，一位藝術家承擔對作品的責任；一位思想者承擔對真理的責任。這些責任並不是他人的強加，而是他自我意志的展現。尼采認為，這樣的責任不是負擔，而是力量，因為它展現了人的創造力。

自由與責任的倫理意涵

尼采拒絕傳統的道德律令，但他並不是否認責任。他要我們放下外在的「應該」，轉而找到屬於自己的責任。這是一種新的倫理，它不是普遍性的規範，而是個體性的承諾。這種倫理要求我們不再逃避，而是勇敢承擔。

當代的失衡

在當代社會，自由與責任的失衡格外明顯。一方面，有些人沉迷於自由的表象，追逐即時享樂，卻拒絕承擔後果；另一方面，也有人被過度的責任壓垮，失去自我。這兩種狀態都不是尼采所追求的。他要我們找到平衡：既能夠自由地選擇，也能夠勇敢地承擔。這種平衡不是簡單的公式，而是持續的練習。

平衡作為生命的藝術

最終，尼采會把責任與自由的平衡視為一種藝術。就像音樂需要旋律與和聲的配合，生命也需要自由與責任的互動。這種平衡不是靜態的，而是動態的。每一次選擇都重新調整，每一次承擔都重新定義。正是在這樣的動態平衡中，人才能真正成為自己。

小結

責任與自由的平衡揭示：自由不是逃避責任，而是能夠承擔責任；責任不是消滅自由，而是自由的深化。唯有在張力中找到平衡，生命才能保持創造的活力。

第七節　在拒絕中成長

拒絕不是終點

在一般的理解裡，拒絕往往被視為「結束」：拒絕一份邀請，意味著不參與；拒絕一個提議，似乎等同於否定。但尼采提醒我們，拒絕不是把生命關閉，而是讓生命重新定向。唯有敢於拒絕，人才能開始探索新的可能。

拒絕與選擇的深化

拒絕與選擇密不可分。當一個人說「不」時，他同時也在說「是」—— 對另一個價值、另一條道路的肯定。拒絕讓選擇更為清晰，因為它不再只是模糊的可能，而是經過篩選的方向。尼采會說，拒絕是選擇的必要條件，因為若沒有拒絕，選擇就流於空泛。正是在拒絕之中，選擇獲得了重量。

拒絕作為人格的養成

一個人若總是迎合，他的人格就會變得稀薄；相反地，一個人若懂得拒絕，他的人格就會逐漸厚實。拒絕是人格的鍛造過程，它讓人學會承擔孤獨，也學會承擔後果。拒絕需要判斷、勇氣與責任，而這些特質正是成長的核心。尼采相信，成為自己不是來自於順從，而是來自於拒絕。

拒絕與界線的建立

拒絕同時也是界線的建立。當人拒絕時，他清楚劃出「這裡是我能接受的，那裡是我不能接受的」。這種界線不是隔絕，而是保護。它讓人不至於被外在力量完全占據，讓自我得以保存。成長往往不是來自於更多的迎合，而是來自於更清晰的界線。拒絕因此是一種保護性的成長。

拒絕的教育功能

尼采強調，拒絕具有教育功能。因為拒絕迫使人重新檢視價值：為什麼我要拒絕？我究竟在肯定什麼？這種反思讓人逐漸學會不再被動接受外在的規範，而能主動決定自己的價值體系。拒絕因此不是單純的對抗，而是一種價值重估的練習。每一次拒絕，都是一次重新確認「我是誰」的機會。

在孤獨中成長

拒絕常常帶來孤獨，因為它意味著不再隨群。尼采卻認為，這正是成長的必要條件。孤獨不是空洞，而是孕育的溫床。在孤獨中，人能聽見自己的聲音，能承受自己的重量。拒絕讓人成為孤獨者，但孤獨者卻往往是創造者。因為唯有不再依賴群體幻象的人，才可能創造新的價值。

拒絕與肯定的循環

尼采的哲學不是單純的否定，而是「否定 —— 肯定」的循環。拒絕是一種必要的破壞，而成長則是從破壞中誕生的新生。拒絕舊的價值，是為了肯定新的價值；拒絕過時的秩序，是為了創造新的秩序。這種循環不會停止，因為生命本身就是持續的實驗。拒絕因此不是一次性的行動，而是一種持續的姿態。

當代的拒絕實踐

在當代社會，拒絕更顯重要。資訊氾濫、價值多元、壓力四伏，讓人隨時處於被動的接受狀態。若一個人不懂得拒絕，他將被各種外在力量牽著走。拒絕是一種必要的抵抗，它讓人不再淪為消費的奴隸、資訊的附屬品、他人期待的投影。唯有拒絕，人才能在混亂中保存獨特的方向。

拒絕與超人的養成

尼采的超人，不是永遠說「是」的人，而是懂得在必要時說「不」的人。這個「不」不是消極的否定，而是一種積極的養成。因為只有敢於拒絕舊的，他才可能開創新的。超人並不是沒有拒絕，而是把拒絕當作一種藝術——一種孕育成長與自由的技術。

小結

在拒絕中成長意味著：拒絕不是停滯，而是生成；它讓人劃出界線，承擔孤獨，重新檢視價值，並在不斷的否定與肯定循環中，逐漸成為自己。

第十章

友敵的教育：挑戰者的力量

第一節　朋友的功能

友誼的根基：陪伴中的力量

在人類的生活裡，朋友最直接的功能是陪伴。這種陪伴並非僅僅是消遣的存在，而是一種在日常情境中持續給予支持的力量。當一個人面臨生命的空洞或挫折時，朋友的陪伴能提醒他：他並不是孤立無援的。尼采強調，真正的朋友並非只是安慰你的人，而是能夠在陪伴的同時，喚醒你內在潛藏的力量。陪伴因此不只是情感的溫暖，而是一種存在的呼喚，讓你意識到自己仍有被期待、被要求的可能。

朋友作為自我映照的鏡子

一個人的自我認識總是有限，因為我們常習慣以自我辯護來遮蔽缺陷。朋友的功能之一，就是成為一面真實的鏡子，將我們的不足與潛力同時映照出來。這面鏡子並不是無情的批判，而是誠實的回饋。當你聽見朋友指出你忽略的細節時，那並不是攻擊，而是幫助你看見未被察覺的面向。這樣的映照功能，能避免一個人被困在自我想像的泡影裡，而是逐漸靠近真實的自我。

批判與肯定的雙重作用

朋友若只是一味地肯定，則容易讓人陷入自滿；若只是嚴厲地批判，則會使人心生怨懟。真正有力量的友誼，總是同時包含批判與肯定。批判提供修正方向，肯定則給予信心與能量。這種雙重作用構成了友誼最具教育性的功能——它讓人成長而不至於絕望，讓人保持謙卑而不失去動力。尼采式的朋友，正是那種在適當時候提醒你「還不夠」的人，同時又能在你跌倒時說「你仍能站起來」的人。

不舒服作為成長的契機

真正的朋友，往往會讓你感到不舒服。因為他們敢於指出你逃避的課題，逼你去面對真實的軟弱。這種不舒服是一種「生長痛」，是生命正在擴張的訊號。尼采強調，挑戰與摩擦才是生命的活力來源。朋友的功能，正是在於設下這些挑戰，讓你被迫跨越界限。若一段友誼始終沒有摩擦，只是禮貌與迎合，那麼它所提供的便不是教育，而只是舒適。真正的教育性友誼，必然帶有一點「尖銳」。

朋友即是力量的召喚

在尼采的視角裡，朋友不只是「共處的人」，更是「力量的召喚者」。當你看到朋友正努力實踐某個目標時，那股能量會對你產生召喚，促使你也不甘於停滯。這種召喚不是命令，而是一種存在的力量：因為他在，你被提醒你也能。這種功能將友誼從情感的依附提升為生命的推力，讓朋友成為「超越」的觸發器。於是，友誼並非只是社交，而是一種共同鍛造彼此生命的工法。

小結

朋友的真正功能，是在陪伴與批判之間，召喚出個體的力量。

第二節　敵人的教育性

敵人帶來的警醒

在日常生活中，我們最容易忽略的，是那些讓我們不快的人。敵人往往以對立的姿態出現，打破我們習慣性的安逸。尼采在《人性的，太人性的》中提醒，敵人雖然令人厭惡，但他們的存在能帶來無可取代的教育性。正是因為敵人毫不留情的挑戰，我們才被迫去反思：我是否真的足夠堅強？我的立場是否能經得起質疑？這種警醒，像是一種冷水，澆熄自滿的火焰，讓人重新檢視自身的根基。

戰鬥的磨練

敵人不是來安慰我們的，而是來考驗我們的。尼采認為，生命中最具價值的成長，往往來自對抗。他將這種對抗視為一種「戰鬥的教育」：一個人若沒有經歷過對立與挑戰，就無法知道自己的潛能極限。臺灣的許多運動員在國際賽事中，正因為遇到強敵，才激發出平日訓練中未曾展現的能量。敵人因此成為鍛造我們的無形之手，逼迫我們突破舒適圈，展現更高層次的力量。

對立的生產性

雖然敵人的存在會帶來痛苦，但這種痛苦同時也是生產性的。尼采在《曙光》中指出，沒有對立就沒有創造。因為當敵人逼近，我們必須動用更多的智慧與想像力，去尋找解決的方法。這種壓力使人不斷嘗試、實驗、突破。許多創新的想法，並非誕生於安逸的時刻，而是誕生於與敵人交鋒的時刻。對立不是破壞，而是一種推進，它讓生命不斷生成新的可能。

逼出真實的自我

在朋友的陪伴中，我們容易被理解與包容；而在敵人的對抗中，我們才會顯露最真實的樣貌。尼采認為，敵人迫使人丟掉偽裝，面對自己最赤裸的一面。當一個人被敵人挑戰時，他必須選擇：要麼退縮，要麼堅持。這種逼迫雖然殘酷，卻讓我們有機會看清自己的勇氣與軟弱。敵人的教育性，正在於這種「逼真」：沒有華麗的藉口，只有赤裸的回應。

化敵為師的可能

尼采曾說，一個人若能善用敵人，他就學會了最深的教育之道。敵人雖然在表面上是阻礙，但若能將對抗視為課題，那麼敵人也能成為老師。當我們檢視敵人的質疑時，或許會發現其中有真實的提醒；當我們分析敵人的攻擊時，或許會從中學到新的策略。這種「化敵為師」的態度，讓人不再只是被動地承受敵意，而是主動地將之轉化為養分。如此一來，敵人不再只是外在的威脅，而是內在成長的推力。

小結

敵人的教育性在於挑戰與逼迫，使人突破自我局限並展現更深層的力量。

第三節　對話中的尖銳

對話不是附和，而是磨礪

在大部分的社交場合，對話常常以和諧為目標，人們習慣避免衝突，保持禮貌。但尼采提醒我們，真正有價值的對話，並不是無休止的附和，而是彼此之間的磨礪。當兩個人能夠直言不諱，甚至在觀點上互相碰撞時，對話才真正開始發揮教育性的力量。尖銳的對話像是一把磨刀石，它或許讓人一時不適，但正是這種摩擦，才能讓思想變得更加清晰與銳利。

尖銳作為思考的試煉場

當朋友或對手在對話中提出尖銳的問題時，那些問題往往迫使我們無法以習慣性的語言作答。我們必須停下來，重新檢視自己的立場。尼采認為，這是一種必要的試煉，因為唯有透過挑戰，我們才能察覺自己是否真的理解，還是只是重複套用社會給予的答案。尖銳的問題就像一道閃電，短暫卻強烈地照亮我們的思想盲點。

不舒服是誠實的徵兆

一場真正誠實的對話，必然會帶來某種程度的不舒服。當對方揭露我們迴避的矛盾，或者拆解我們自以為穩固的邏輯時，心裡的不安正代表著我們的思考正在被推動。尼采強調，思想若不曾受過挑戰，就只能停留在平庸的層次。那份不舒服，並不是敵意的象徵，而是誠實交流的印記。真正的對話，應當在不舒服的氛圍中仍能持續，因為那才是生命力最鮮活的時刻。

對話作為創造的場域

對話中的尖銳不僅是拆解，更是一種創造。當兩個人立場相左而仍願意持續交流時，他們共同建構出新的理解方式。尼采在《快樂的科學》中指出，思想的生成往往發生在對立的張力之中。這意味著，對話的尖銳性並非破壞和諧，而是推進了新的價值生成。正因如此，那些充滿挑戰性的對話，往往比溫和的應酬更能啟發靈感，甚至成為創造力的溫床。

學會在火焰中站立

尖銳的對話像是一場小型的戰場，它不提供舒適的避風港，而是燃燒般的考驗。若一個人能學會在這樣的火焰中站立，不被批判擊垮，也不因對立而逃避，那麼他的思想便會逐漸鍛造成鋼鐵般的堅實。這種教育，不是學校課本能給予的，而是透過一次又一次尖銳的對話所累積的生命經驗。唯有如此，個體才能不再惶恐於不同聲音，而是能夠以更強大的姿態迎向挑戰。

小結

尖銳的對話使思想接受試煉，在不舒服與對立中孕育新的創造力。

第四節　挑戰如何成就自己

挑戰是生命的動力

在大多數人眼裡，挑戰常常與困難、壓力、甚至失敗相連結。但在尼采的哲學中，挑戰並不是威脅，而是生命力的試金石。沒有挑戰的人生，或許安逸，卻逐漸消磨了個體的強度。挑戰的出現，正如同大地上的裂縫，讓種子不得不努力生長，突破阻礙才能看見陽光。對尼采而言，唯有透過挑戰，生命才展現出它真正的力量與厚度。

抵抗造就堅韌

挑戰的本質是一種抵抗，它迫使我們動用潛藏的能量來應對。在《曙光》中，尼采指出，若一個人永遠不必抵抗外力，他也就無法發現自己能承擔多少。挑戰猶如重量訓練，壓力雖沉重，但正因為必須承受重量，肌肉才得以生長。生命的鍛造也是如此，挑戰是不可或缺的阻力，讓人從脆弱走向堅韌。當一個人逐漸學會與挑戰相處，他就不再害怕跌倒，而能從跌倒的過程中汲取新的力量。

挑戰揭露潛能

人往往在挑戰中才真正認識自己。平順的日子容易隱藏潛能，因為沒有外在的逼迫，個體不必動用深層的資源。但挑戰來臨時，人被迫發揮過去從未使用的能量。尼采在《快樂的科學》中提到，偉大的創造者總是敢於走向危險，因為唯有在不穩定與不確定之中，才能逼出新的價值。挑戰因此是一種「揭露」，它讓我們看見自己尚未發現的可能性，並讓潛能從沉睡中甦醒。

成長來自於痛感

挑戰從來不會是舒適的，它必然伴隨痛苦。這種痛苦或許來自挫敗、孤獨，或是他人尖銳的批判。但尼采認為，這種痛苦不是失敗的象徵，而是生命正在成長的徵兆。正如同肌肉的撕裂才能帶來重建，精神的痛感也是成長的前奏。若一個人畏懼痛苦，他便也放棄了成長的機會。相反地，若能擁抱痛苦，將之視為鍛造的契機，他便能在挑戰中找到真正的教育意義。

永劫回歸的試煉

尼采的「永劫回歸」思想，提供了挑戰的另一種理解。如果你必須無限次地重複面對同樣的挑戰，你是否仍會選擇如此生活？這個思想實驗揭示了一種徹底的自我考驗：唯有當人能夠說「是的，我願意」，挑戰才真正成就了他。因為那代表他不再將挑戰視為偶發的意外，而是視為生命本質的一部分。能夠擁抱挑戰如同擁抱命運，這就是尼采所謂的「命運之愛」，亦是自我成就的最高姿態。

小結

挑戰以痛苦與抵抗為養分，揭露潛能並成就個體的力量。

第五節　選擇讓你成長的人

交友如同選擇環境

尼采認為，一個人能成為什麼樣子，與他所處的環境息息相關。而「朋友」就是最直接的環境之一。選擇和誰相處，就等於選擇了什麼樣的氛圍來塑造自己。若身邊充斥著只圖安逸的同伴，我們很容易被同化，逐漸喪失向上的力量。相反地，若朋友身上帶著挑戰性，他們的存在會迫使我們不斷成長。因此，交友從來不只是人際關係的問題，更是一種生命策略。

朋友不是取悅，而是激勵

在《查拉圖斯特拉如是說》中，尼采描繪了一種「真正的朋友」：他不是一味討好你的人，而是能指出你盲點的人。這樣的朋友或許讓你感到刺痛，但卻能推動你超越現有的自己。真正的友情，並不是互相安撫，而是互相激勵；不是彼此溺愛，而是彼此鞭策。當朋友能夠直言不諱地挑戰你時，他其實在幫助你鍛鍊力量，而不是削弱你。

遠離消耗你的人

尼采提醒我們，身邊的人若只會消耗你的能量，那麼這樣的關係就是一種隱性的枷鎖。生活中總有一些人，他們習慣抱怨、散播負面能量，甚至拖累你停留在舒適圈。若一個人無法辨識並遠離這些消耗性的關係，他的生命力便會被逐漸侵蝕。選擇讓你成長的人，往往意味著必須勇敢切斷那些削弱你的人際連結，才能騰出空間迎接更具挑戰與啟發性的交流。

以「超人」為標竿

尼采提出「超人」的理想，指的是能夠自我超越、創造新價值的人。在交友的選擇上，這個概念也提供了啟發：朋友應該是能夠讓你看見更高可能的人。他或許不是完美的，但他展現了一種超越慣性的姿態，讓你意識到自己還能走得更遠。與這樣的人相處，不僅是一種陪伴，更是一種引導。他的存在像是一面鏡子，提醒你不要沉淪於平庸，而要勇敢追尋更高的境界。

友情作為自我教育

當我們選擇了能讓自己成長的人，其實也等於選擇了一種自我教育。這樣的友情不是依賴，而是一種相互鍛造。彼此在對話中挑戰，在行動上激勵，最終促使雙方都能成為更強大的人。尼采看重的友情，不是情感的慰藉，而是力量的交換。正因如此，真正的朋友不是讓你停留，而是推動你前行。當一個人能以這樣的眼光選擇朋友，他的生命便不斷向上開展。

小結

選擇能激勵與挑戰你的人，才能在友情中完成自我鍛造。

第六節　同溫層的危險

同溫層的安逸陷阱

所謂「同溫層」，是指一群價值觀、興趣與看法相近的人所組成的社群。這樣的圈子能帶來安全感，因為彼此之間少有衝突，交流順暢，彷彿大家都在同一個節奏裡。然而，尼采會提醒我們，這種安逸正是最大的陷阱。當所有人都認同彼此的觀點時，挑戰性與尖銳性就消失了，思想因此失去了磨礪的機會，生命也容易陷入停滯。

安全感的代價：停滯與同化

在同溫層裡，人們不需要費力辯護或檢驗觀點，因為大家早已「心照不宣」。這種安全感的代價是停滯。尼采在《人性的，太人性的》中指出，群體的力量往往不是推動創造，而是同化與馴服。當一個人過久待在同溫層裡，他的思想就會逐漸失去獨特性，行為變得可預測，甚至喪失突破的勇氣。安全感換來的是集體的庸常，而非個體的成長。

自我與群體的張力

同溫層之所以危險，還因為它削弱了個體與群體之間的張力。尼采主張，成長往往來自與環境的摩擦，個體唯有在與群體的對抗中，才能鍛造出屬於自己的力量。但在同溫層中，這種摩擦被消弭了，個體不再需要掙扎，只需順應共同的語言與規則。於是，人逐漸失去「自我衡量」的勇氣，將價值判斷交給群體的默契，這正是尼采最為警惕的危險。

同溫層裡的虛假共鳴

在社群媒體時代，同溫層的效應更為顯著。演算法推送我們喜歡的內容，使我們感覺被理解、被肯定，卻也在不知不覺間形成迴音室效應。這種「虛假共鳴」讓人以為自己被支持，實則只是被困在重複的迴圈裡。尼采若身處今日，必然會指出，這種重複的共鳴不是力量，而是一種自我安慰。它讓人停留在舒適區，拒絕真實的挑戰，最後導致思想的貧瘠。

打破同溫層的勇氣

尼采強調，真正的自我鍛造需要勇氣，特別是走出同溫層的勇氣。這意味著要主動尋找不同的聲音，甚至刻意與持相反觀點的人交流。唯有如此，個體才能不被同化，而是在差異與衝突中發現新的可能。這種突破不會輕鬆，因為它會帶來孤獨與不安，但正是這些情境，才讓人成為真正的自己。拒絕同溫層，等於拒絕停滯；擁抱差異，則是擁抱成長。

小結

同溫層以安全感換取停滯，唯有打破共鳴的迴圈，才能保有自我的創造力。

第七節　友敵關係的美學

朋友與敵人的辯證

在尼采的思想裡，朋友與敵人並不是對立的兩端，而是一種辯證的力量。朋友給予我們支持，但若只有支持，我們容易沉溺於安逸；敵人帶來挑戰，但若只有挑戰，則可能陷入無休止的對抗。真正能讓生命成長的，是「友敵」關係——既有朋友的激勵，也有敵人的鞭策，兩者交織成一種動態的張力。這種張力，本身就是一種美學的展現，因為它讓人生不再單調，而是充滿節奏與變奏。

尖銳中的尊重

所謂友敵，不是仇恨的糾纏，而是能在尖銳中保有尊重。尼采在《查拉圖斯特拉如是說》中指出，最值得珍惜的對手，往往是能讓你全力以赴的人。若沒有這樣的對手，我們就缺乏突破極限的契機。當一個敵人被視為「尊貴的挑戰者」，他的存在反而讓我們更完整。友敵的美學，在於能在對立中欣賞對方，並在較量中承認對方的價值。

競爭中的創造

友敵關係不僅僅是防禦或攻擊，更是一種創造的動能。當朋友同時是挑戰者，他的存在會迫使我們發展新的思路，甚至開創全新的價值。尼采將生命視為一種「藝術的創造」，而友敵關係正是這種創造的契機。兩者的互動猶如藝術作品的對比色：若只有一種顏色，畫面會顯得單調；唯有不同色彩的碰撞，作品才會有深度與張力。

孤獨與交流的平衡

友敵的美學，也體現在孤獨與交流之間的平衡。尼采強調孤獨的重要，因為唯有在孤獨中，個體才能誠實面對自己；然而，他同時也知道，若完全隔絕他人，便失去挑戰的可能。友敵關係因此提供了一種中介狀態：我們能在孤獨中思考，在交流中磨礪；我們能在退隱時守護自我，在對抗時拓展邊界。這樣的往返，不只是策略，更是一種藝術的節奏。

美學化的生命態度

將友敵關係視為美學，意味著不再把它單純看作人際衝突，而是將其提升為生命的藝術。這種態度能幫助我們超越善惡的僵化分類，因為朋友與敵人不再是非黑即白，而是生命中不可或缺的兩種力量。能欣賞友敵關係之美的人，便能把衝突轉化為創造，把對立轉化為力量，最終將生命本身活成一件藝術品。

小結

友敵關係是一種生命的藝術，在尊重與對抗的張力中，個體得以展現創造性的力量。

第十一章

學會殘酷：對自己與世界說「不」

第一節　殘酷的定義

殘酷不是暴力

「殘酷」在日常語言裡，往往與冷血、暴力或無情劃上等號。然而，尼采筆下的「殘酷」卻有著截然不同的含義。它不是對他人的傷害，而是對生命現實的赤裸直視。對尼采來說，真正的殘酷是一種清醒的態度：它拒絕粉飾、拒絕自欺，願意直面生命中最艱難與最沉重的真相。這種殘酷不等於摧毀，而是一種拒絕虛假的勇氣。

對幻象說「不」

人往往渴望安慰性的幻象，例如宗教的救贖、道德的普遍規範、社會的安全承諾。這些幻象讓人感到被保護，但同時也使人失去力量。尼采在《快樂的科學》中揭示，「上帝已死」並不是宣告毀滅，而是迫使人放下幻象，重新承擔生命的重量。在這個意義上，殘酷就是一種對幻象說「不」的姿態。它要求人把注意力轉回到赤裸的現實，而不是依賴外部的慰藉。

殘酷作為力量的測試

尼采將生命理解為一場持續的試煉，而殘酷就是試煉的尺度。當一個人能忍受多少真相、能承擔多少痛苦，他的生命就能展現多少力量。這裡的殘酷不是破壞，而是一種強度的檢驗。只有敢於承受殘酷的人，才有資格談創造，因為創造的前提正是摧毀虛假的依靠，並在廢墟中重建新的價值。

殘酷的審美面向

尼采一再將生命視為藝術，而「殘酷」也具有美學意義。正如悲劇藝術展現人類面對痛苦時的崇高姿態，殘酷的美學在於它讓人看見生命的真實深度。當一個人能欣賞殘酷，他便不再逃避現實的裂縫，而是能在其中找到創造的契機。這種美學化的態度，使殘酷不再只是負面字眼，而是一種推動自我成長的必需條件。

殘酷與自由的關聯

最後，殘酷與自由緊密相連。若一個人無法殘酷，他就會依賴外界的幻象，無法真正自主。相反地，當他能以殘酷的態度對待生命，他便不再需要外部的庇護，而能承擔屬於自己的選擇。殘酷因此不是枷鎖，而是自由的基礎。擁有說「不」的能力，才能觸碰真正的「是」；唯有拒絕幻象，才能擁抱創造。

小結

殘酷是一種清醒的力量，讓人拒絕幻象，承擔真相，並在破碎中開創自由。

第二節　自我要求的嚴苛

嚴苛不是苛責

談到「自我要求的嚴苛」，許多人第一個反應是想到無止境的苛責與自我懲罰。然而，尼采所指的嚴苛，並不是陷入自我貶低，而是將自己放到極限中，測試生命的承受度。這種嚴苛是一種誠實的態度：不放過自己的軟弱與妥協，也不替自己找藉口。它不是自虐，而是一種高強度的自我鍛造。

對軟弱說「不」

人在面對困難時，最容易為自己找理由。例如「環境不好」、「我天分不夠」、「這只是小事」等。這些語言看似無害，卻在無形中削弱了意志力。尼采提醒我們，真正的成長來自對軟弱的拒絕。當一個人能嚴苛地檢視自己的逃避，並勇敢說「不」，他才真正踏上自我超越的道路。嚴苛因此不是壓抑，而是拒絕墮落的必要態度。

嚴苛的修練過程

嚴苛的自我要求並非一蹴可幾，而是一種持續的修練。這修練包含三個層次：第一，覺察自己的妥協點，承認軟弱存在；第二，在日常行動中刻意挑戰這些妥協，例如堅持完成原本想逃避的任務；第三，逐漸養成一種「不容退縮」的習慣，讓嚴苛成為生活的基準線。這個過程是痛苦的，因為它迫使人不斷與自己對抗，但也正因如此，它帶來真正的力量。

嚴苛與創造的關聯

尼采強調，嚴苛不是目的，而是創造的前提。若沒有對自己的嚴苛要求，人很容易陷入安逸，缺乏開創新價值的動力。嚴苛讓人維持清醒，迫使自己不滿於現狀，持續尋找突破口。換言之，嚴苛是鍛造創造力的火爐。沒有這樣的火爐，創造往往淪為空想；唯有經過嚴苛的磨練，創造才能帶有真實的分量。

嚴苛與自由的張力

表面看來，嚴苛似乎與自由相反：嚴苛帶來束縛，自由則追求鬆動。但尼采的理解是，唯有嚴苛才能打開真正的自由。若沒有自我約束與高強度的要求，自由會淪為放縱，最後反而失去方向。嚴苛讓自由不再只是隨意，而是一種有力的承擔。這種張力揭示了尼采式的自由：不是想做什麼就做什麼，而是能對自己設定最高標準，並且實現它。

小結

自我要求的嚴苛，是對軟弱的拒絕，也是創造與自由的必要前提。

第三節　對世界的抗拒

世界的重力

尼采筆下的「世界」並不是抽象的概念，而是充滿規範、期待與壓力的具體現實。家庭、學校、職場、宗教、輿論……這些力量共同構成一種重力，把個體往「服從」與「一致」的方向拉扯。若一個人沒有意識到這種重力，他就會被自然地吸入其中，像天體被引力控制般，失去自我軌道。對世界的抗拒，就是要意識到這股重力，並勇敢嘗試跳脫它。

拒絕隨波逐流

社會經常以「理所當然」的方式來形塑人。例如「要有穩定工作」、「要結婚生子」、「要追求升遷」等價值判準，深植於集體語言中。這些話語乍看合理，但卻在無形中壓抑了個體的獨特性。尼采提醒我們，對世界的抗拒並不是全盤否定，而是對「隨波逐流」的拒絕。只有在拒絕之後，人才可能聽見自己真正的聲音。

抗拒的勇氣

抗拒世界需要勇氣，因為代價往往是孤獨與不被理解。當一個人選擇不同於大多數的道路，他會被視為叛逆、怪異，甚至是危險。然而，尼采一再強調，正是這樣的抗拒才能使人走向超越。勇氣的意義，不在於追隨眾人，而在於承擔被誤解的風險。這種勇氣本身，就是對生命誠實的展現。

抗拒與創造的關聯

若只是拒絕而沒有創造，抗拒就會淪為虛無主義。尼采對抗拒的要求，是要將其轉化為創造力。當我們對世界說「不」，同時也在為新的「是」清理出空間。抗拒不是終點，而是創造的起點。唯有敢於拆解既有框架的人，才能打造屬於自己的價值。這也是尼采所謂「價值重估」的核心精神。

抗拒的美學態度

對世界的抗拒，也是一種美學態度。它讓人生不再只是單調的服從，而是擁有張力與深度的藝術。這樣的美學不在於破壞，而在於能欣賞裂縫中的可能性。當一個人能在抗拒中找到韻律，他的生命就不再只是生存，而是展現出創作者的姿態。

小結

對世界的抗拒，是拒絕隨波逐流，並在孤獨中演出創造的前奏。

第四節　殘酷中的清醒

清醒不是冷漠

當人們聽見「殘酷」時，常會將它與「冷漠」混淆，認為這是一種缺乏同情的態度。但尼采所說的「殘酷中的清醒」，其實是一種對生命徹底的誠實。它要求人把幻象的面紗揭開，不再靠安慰性的謊言支撐，而是敢於直視存在的重量。清醒不是要人失去感情，而是要讓感情回到真實的基礎上。

拒絕自我麻醉

人類最普遍的傾向之一，就是用各種方式麻醉自己：宗教的救贖承諾、社會規範的依附、娛樂的逃避、甚至科學進步的幻象。這些手段讓人暫時不必面對生命的荒涼與不確定。但在尼采看來，這些都是「溫柔的毒藥」，讓人失去面對真相的勇氣。殘酷中的清醒，就是要拒絕這種自我麻醉，哪怕代價是孤獨與焦慮。

面對虛無的勇氣

在「上帝已死」的時代，人類失去了共同的價值坐標。許多人因此陷入虛無，認為生命沒有意義。但尼采提醒我們，虛無並不可怕，可怕的是人不敢正視它。清醒的殘酷就是能夠說：

「是的，沒有絕對的意義。」然後仍然選擇承擔生命，甚至在這片空白上，創造新的價值。這種態度，比任何幻象都更堅實。

真相的重量

清醒意味著承擔真相，而真相往往是沉重的：我們會失敗、會孤單、會死亡。這些事實無法被抹去，但也正因如此，它們成為檢驗生命厚度的標準。能承擔多少真相，就能展現多少力量。殘酷中的清醒，不是悲觀的投降，而是一種承認。它承認生命有限，但同時也證明人在有限中依然能選擇、能創造。

清醒的審美姿態

尼采認為，唯有清醒的人，才能真正欣賞生命的美。因為美並非存在於幻象，而是存在於真相被承受的瞬間。當人能夠在痛苦中仍看見深度，當他能將荒涼轉化為創造，那就是殘酷中的清醒所帶來的美學。這樣的生命不僅僅是活著，而是成為一件藝術品。

小結

殘酷中的清醒，是拒絕麻醉、直視真相，並在虛無中獲得創造的勇氣。

第五節　打破安逸的陷阱

安逸的雙面性

安逸表面上是許多人追求的狀態：穩定的工作、舒適的生活、可預期的未來。它帶來安全感，讓人覺得一切都在掌控之中。但尼采提醒我們，這種「安逸」常常是一種陷阱。它看似保障，實際上卻可能讓人逐漸失去挑戰與創造的力量。安逸不是問題，問題在於當人沉溺其中，就會失去對生命深度的追求。

安逸與奴性

尼采在《人性的，太人性的》裡指出，人類天生有一種尋求安全的本能，而這種本能往往催生出「奴性」。所謂奴性，就是甘於依賴規範、權威與習俗，避免面對未知的風險。安逸的陷阱正是奴性的產物：它讓人覺得安穩才是唯一值得的目標，卻忽略了真正的生命力來自冒險與超越。奴性因此不是天賦的限制，而是選擇安逸的副作用。

挑戰的缺席

沒有挑戰的人生，看似平靜，其實暗藏空虛。當日子每天都在重複，人不再感受到進展與突破，便會逐漸陷入一種無形的倦怠。尼采強調，唯有挑戰才能證明生命的厚度。挑戰不是為了外在成就，而是為了讓個體在承擔困難時，發現自己未被開發的力量。若缺乏挑戰，生命就會像靜止的水池，看似安穩卻逐漸腐敗。

打破的契機

要打破安逸的陷阱，第一步是意識到自己正在其中。許多人並不是主動選擇安逸，而是被日常的慣性推著走。當一個人開始覺察自己是否不再提問、不再嘗試、不再冒險，他就已經站在打破陷阱的門口。第二步是刻意製造挑戰：嘗試新事物、面對恐懼、承擔風險。這些行為並非自找痛苦，而是為了保持生命的強度。

以安逸為磨刀石

尼采並不主張完全拒絕安逸，而是要把安逸轉化為一種測試。當生活逐漸變得安穩，我們應該問自己：這份安逸是否讓我更有力，還是讓我更脆弱？若答案是後者，那麼這份安逸就是陷阱，必須被打破。唯有把安逸當作磨刀石，不斷挑戰自己，才能確保生命不會在舒適中逐漸凋零。

小結

打破安逸的陷阱，是避免奴性、迎向挑戰，讓生命保持強度的必要姿態。

第六節　殘酷與慈悲的交錯

殘酷並非冷血

尼采所說的「殘酷」，常讓人誤以為是缺乏情感、對他人痛苦無動於衷。但在尼采的語境裡，殘酷不是殘忍，而是一種徹底誠實的姿態。它要求人直視生命的荒涼與殘缺，不再依賴幻象維持安慰。這種殘酷並非冷血，而是一種拒絕欺瞞的堅定。

慈悲的陷阱

慈悲是人類社會高度推崇的德性，卻也可能成為麻痺的藉口。過度的慈悲，往往讓人陷入溺愛與縱容，不敢揭露真相，甚至替他人剝奪了面對困境的機會。尼采批判那種「軟弱的慈悲」，因為它不是源自力量，而是來自恐懼——恐懼衝突、恐懼痛苦、恐懼承擔責任。這樣的慈悲，其實是另一種怯懦。

殘酷中的慈悲

然而，真正的慈悲並不是逃避，而是包含了殘酷。當一個人能夠指出他人的錯誤、要求他人承擔後果，這種態度雖然看似嚴苛，卻往往比溫柔的安慰更具建設性。這就是殘酷中的慈悲：不讓他人沉淪於幻象，而是逼他們直面現實。這樣的慈悲，是一種來自力量的給予。

慈悲中的殘酷

同樣地，真正的慈悲中也必然包含一點殘酷。若一個人願意幫助他人，他就必須同時承認：他無法替對方承擔一切。這種界線本身就是殘酷的，因為它揭示了生命的孤獨與責任。但正因如此，慈悲才不會變成沉重的依附，而是能讓人各自成長。這種交錯，讓殘酷與慈悲不再互相排斥，而是相互成全。

力量的平衡

尼采並不主張徹底的殘酷或徹底的慈悲，而是強調兩者的張力。殘酷提醒我們不要被幻象麻醉，慈悲則提醒我們不要陷入孤立無援。唯有在兩者之間找到平衡，人才能活出既真實又有深度的生命。這種平衡不是公式化的解答，而是需要不斷實踐與調整的生命藝術。

小結

殘酷與慈悲的交錯，揭示了誠實與關懷必須共存，才能塑造堅實而真實的生命。

第七節　殘酷作為一種美德

美德的反轉

傳統上，殘酷總被視為一種惡行，是人性中必須壓抑或排除的部分。但尼采卻大膽提出：在某些情境裡，殘酷本身可以是一種美德。這不是鼓吹虐待或無情，而是強調在自我鍛造與價值重估的過程中，只有具備「殘酷的勇氣」的人，才能真正面對生命的嚴峻挑戰。

對自己的殘酷

殘酷首先是一種自律。尼采強調，若一個人無法對自己殘酷，他便無法成為強者。這種殘酷表現在自我要求的嚴苛：不放縱慣性、不沉迷安逸、不逃避痛苦。對自己殘酷，意味著願意承受孤獨、失敗與掙扎，把這些視為鍛造的火焰，而不是詛咒。這樣的生命，才有可能不斷淬鍊，展現更強大的力量。

對他人的殘酷

其次，殘酷也表現在對他人的態度上。這並不是無情的剝奪，而是願意揭露真相，即使真相令人不適。當一個人敢於對他人提出嚴厲的要求，或點出不願面對的現實，他其實是在給予對方成長的契機。這樣的殘酷，是一種更高層次的責任感。

它拒絕虛假的溫柔，因為真正的幫助，必然要讓人經歷痛苦的覺醒。

殘酷與創造

尼采認為，殘酷之所以能成為美德，正因為它是創造的必要條件。沒有拆毀，就無法建造；沒有否定，就無法肯定。殘酷不是目的，而是過程，是創造新價值之前的「破壞力量」。這種力量能夠清除既有的幻象與束縛，讓個體有空間去塑造屬於自己的價值。殘酷因此不僅不是邪惡，反而是創造的根基。

美德的深度

當殘酷成為美德，它便超越了傳統的善惡二分。它不再是單純的破壞，而是一種生命的深度。真正的殘酷，是誠實地承認世界的嚴峻，並以此為基礎展現勇氣與創造。它與慈悲相互交錯，與真實緊密相連，使生命不再停留於膚淺的安逸，而能進入一種更強大、更深沉的境界。

小結

殘酷作為一種美德，意味著它是自我鍛造與創造的力量核心，是生命突破平庸的必要條件。

第十二章

生命的立法者：新價值的誕生

第一節　從批判到創造

批判的必要

尼采的哲學向來以「破壞」聞名。他批判宗教的虛偽、道德的僵化、哲學的教條，這些批判並不是為了單純的否定，而是為了清理場地，讓新價值有誕生的可能。若沒有徹底的批判，人類將永遠困在舊有的框架中，無法意識到自己早已被過時的規範支配。批判是第一步，因為唯有把幻象打碎，個體才有可能正視生命本身的問題。

批判的危險

然而，尼采同時警告，批判本身也可能變成陷阱。當一個人只會批判而無法創造，他就會淪為虛無主義者 —— 否定一切卻無法建立任何新價值。這種狀態看似自由，實際上卻是深深的空虛。尼采在《快樂的科學》中指出，「上帝死了」並不代表一切價值消失，而是意味著人類必須肩負起重新立法的責任。如果批判只是終點，那麼它就會導向消極的無意義，而非自由。

創造的契機

從批判到創造，正是尼采哲學的核心轉折。他強調「價值的重估」，要求人類不再依靠傳統的尺度，而要親自打造新的基準。這並不是隨意的放縱，而是對生命的深度回應。當一個人敢於打破舊有的「應該」，並且勇於提出新的「我選擇」，他就開始了創造的實踐。這種創造不是抽象的理論，而是在生活的每一個具體選擇中，逐漸展現出新的價值秩序。

創造者的孤獨

要從批判走向創造，意味著要承受孤獨。因為批判常能獲得掌聲，人們樂於聽見舊價值的缺陷；但真正的創造卻常引來質疑，甚至敵意。尼采深知這種孤獨，因此他強調「超人」的姿態：一個願意走在眾人之前，勇於承擔誤解與孤立的創造者。唯有在孤獨中，他才能不被群體的回音干擾，而堅定地打造屬於自己的秩序。

從否定到肯定

最終，批判只是過渡，創造才是目標。尼采的「是」姿態，意味著對生命的徹底肯定。否定過去的幻象，並不是為了沉溺在空洞的「不」，而是為了給新的「是」騰出空間。當個體能從批判邁向創造，他便真正成為「生命的立法者」：不再等待外界頒布意義，而是以自身的力量制定意義。

小結

從批判到創造，象徵著尼采哲學的根本轉折：批判清理場地，創造才是真正的立法。

第二節　價值的重估

舊價值的崩壞

尼采提出「價值的重估」(Umwertung aller Werte)，是因為他敏銳地看見傳統價值的根基正在鬆動。宗教信仰的威權已不再堅固，道德規範的普遍性逐漸被質疑，科學的進展更揭露了人類並非宇宙的中心。這些裂縫，使得舊有的「秤」失去權威。尼采認為，與其依舊抱著殘破的衡量工具，不如承認它的崩壞，並開始新的評價方式。

重估的意義

「重估」並不是單純的顛倒。若只是把「善」稱為「惡」，「惡」稱為「善」，那依舊落在舊秩序的邏輯中。尼采要的，是徹底地檢驗：這些價值究竟是出自生命的豐盛，還是出自群體對秩序的維護？他要求人們不再盲目接受「應該」，而是問自己：這個價值是否讓我更強壯、更自由、更有創造力？若答案是否定的，那它就該被重估。

主動的立法者

在尼采的觀點裡，價值的重估需要「立法者」。這些人並不是傳統的立法家，而是能以生命實踐新秩序的創造者。他們不僅是批判者，更是積極的建設者。透過自身的選擇與行動，他們讓舊價值失去效力，並逐步建立新基準。這種立法並非來自外部權威，而是源自生命本身的力量。

對群體的挑戰

價值重估的過程必然與群體發生衝突。因為舊價值提供了安全感，而新的價值則意味著不確定與冒險。多數人害怕改變，所以寧願依附於舊規範。尼采強調，立法者必須承受這種敵意，甚至要有孤身前行的決心。價值的重估，不可能是一場投票表決，而是一場生命力的試煉，只有那些敢於承擔孤獨的人，才能完成。

永劫回歸的檢驗

尼采提出「永劫回歸」作為一種試金石。當一個人面對某種價值時，他必須問：若這樣的生活要無限重複，我是否願意接受？這個檢驗迫使人拋棄空洞的規範，因為唯有真正讓生命豐盛的價值，才能在永恆重演中站得住腳。透過這個試煉，每個人都能找到屬於自己的基準線，而不再依附群體的標準。

小結

價值的重估，是尼采對虛無主義的回應：不是否定一切，而是重新立法，讓生命成為評價的出發點。

第三節　新秩序的可能

秩序的瓦解與空白

當舊價值體系崩壞，人類往往面臨一種無所依憑的空白。宗教不再提供絕對真理，道德規範失去普遍性，傳統哲學的「形上學保證」也不再令人信服。這種瓦解讓許多人陷入恐慌，認為世界再無秩序可循。但尼采看見的卻是另一種契機：當既有的框架消失，新的秩序才有誕生的空間。

秩序的自我生成

尼采拒絕「由上而下」的秩序模式，他不相信有一個外在的權威能制定終極法則。相反地，他認為新的秩序必須由個體的生命力自行生成。每個人若能勇於立法，就會在自己的行動中展現新價值。這些個體不必事先遵循共同的藍圖，而是透過多樣的實踐，逐漸形成一種去中心化的秩序。換言之，新秩序不是被頒布的，而是「生長」出來的。

衝突與融合

新秩序的形成並非平順的過程，而是充滿衝突。因為不同的個體將提出不同的價值觀，而這些價值之間必然發生碰撞。尼采並不認為這是問題，反而視之為生命力的表現。衝突使得價值不斷接受檢驗，經過摩擦之後，能留下的才是真正強健的秩序。這樣的融合並不是妥協，而是一種篩選：唯有能抵抗時間與挑戰的價值，才能進入新的秩序之中。

對未來的想像

尼采的新秩序並不是烏托邦式的整齊藍圖。他不描繪一個完美的社會，而是期待一個充滿多樣性與強度的未來。這個未來的特徵不是一致性，而是差異性；不是統一的道德，而是多元的創造。對尼采來說，秩序的價值在於它能否激發更高的生命形式，而非能否帶來安逸與穩定。未來的新秩序，正是由這些差異所編織出的網絡。

超人的召喚

在這個新秩序的可能性中，「超人」的概念格外重要。超人並不是神話中的完美人物，而是象徵一種敢於立法、敢於承擔孤獨的存在。他代表人類能夠超越舊價值，進入一個全新的秩序維度。超人不是群體的救世主，而是每個人內在潛能的象徵。當我們敢於面對空白、創造新的基準時，我們便已踏入新秩序的可能之中。

小結

新秩序的可能，不在於回到舊框架，而在於個體以生命力生長出的多樣價值網絡。

第四節　個體如何立法

從依附到獨立

當舊有價值體系崩解後，個體便站在十字路口：是繼續依附於群體所提供的殘餘標準，還是開始為自己立法？尼采提醒我們，真正的自由並不是從外在獲得認可，而是能以自身力量設定衡量標準。立法的第一步，正是從依附走向獨立，把原本無意識接受的「規範」轉換為有意識的選擇。

檢驗語言與行動

尼采在許多作品裡不斷指出，語言是權力的隱性工具。當一個人不斷說「我應該」，他其實已經把立法權交給了外界。因此，立法的關鍵之一，就是學會檢驗自己的語言，並改寫為「我選擇」、「我拒絕」或「我承擔」。這樣的語言轉換，會逐漸滲透到行動中，讓生活從被動服從變成主動創造。

透過實驗的鍛造

個體的立法並非一蹴可幾，而是一種反覆實驗的過程。尼采在《快樂的科學》中強調，生命本身就是一場實驗，沒有終極答案。每一次選擇，都是對新價值的測試。失敗不是挫敗，而是篩選。唯有在一次次實驗裡，個體才能逐漸鍛造出一套屬於自己的規範，並讓這套規範在現實生活中展現出強度。

永劫回歸的試煉

尼采提出的「永劫回歸」是個體立法的核心檢驗：當你做出某個選擇時，若這個決定要無限次地重複，你是否願意承擔？若答案是否定的，那麼這個價值並不足以成為你的立法基準。這種試煉迫使人直面生命的重量，並排除那些空洞或短暫的準則。唯有經得起永恆檢驗的價值，才配得上成為新秩序的基礎。

創造者的責任

個體立法並不是任意妄為，而是一種深度的責任感。它要求個體以生命為代價，承擔自己所制定的規範。這意味著，你所立下的價值，必須能支撐你的存在，並經得起重複與挑戰。這種責任不再來自外界的懲罰，而是來自自我對生命的誠實。尼采式的立法者，不是隨心所欲的任性者，而是懂得承擔創造後果的強者。

小結

個體的立法，是尼采哲學的實踐核心：從依附到獨立，從「應該」到「我選擇」，最終以永劫回歸檢驗新價值。

第五節　社群中的創新者

孤獨與回歸

尼采在多處強調，真正的創新者往往必須經歷孤獨。因為舊價值崩壞之後，大眾通常依舊停留在尋找替代秩序的焦慮中，他們希望有人再度提供穩定與庇護。創新者卻必須先走向邊界，承受無秩序的荒原，才能展開新道路。然而，他並不會永遠停留在孤立狀態，而是要帶著新價值回到社群，讓它成為可能的選項。

對抗同溫層的壓力

在社群中，最強大的力量之一就是同溫層的壓力。人們傾向聚集在熟悉的價值與語言裡，形成一種自我強化的迴圈。創新者的角色，正是打破這種舒適的封閉圈。他所提出的新觀點，往往會引來不解、譏諷甚至敵意，但這種衝突正是價值重估的必要步驟。唯有有人敢於挑戰群體的慣性，社群才有機會進化。

創造而非模仿

社群中的創新者，並不是把外來的新奇觀念搬進來，而是能夠從生命經驗中提煉出新秩序的契機。尼采指出，模仿是一種懶惰，而創造才是真正的力量。創新者能把自身的掙扎、矛盾與突破，轉化成能夠影響他人的實踐。他不是傳教士般要求眾人立即服從，而是透過自身的存在，提供一種活生生的可能性。

文化的發酵

新價值不會立刻被大眾接受，它更像是一種發酵過程。創新者的思想與行為在社群裡最初可能只是邊緣的聲音，但隨著時間與實踐，它逐漸滲透，並開始影響更多人。尼采將這種歷程看作是一種「生命力的傳染」，當一個人展現出強度與誠實，其他人也會被吸引，並開始質疑既有的秩序。這種慢速的擴散，才是文化真正轉變的核心。

群體中的責任

成為社群的創新者，也意味著必須承擔某種責任。他不是單純的反叛者，而是知道自己的一舉一動都可能成為他人效法的契機。這種責任要求他不僅要有批判力，更要有創造力；不僅能否定舊價值，也要能提供新的基準。否則，他的「創新」只是摧毀而不建設，最終仍會落入虛無之中。

小結

社群中的創新者，透過孤獨與實踐帶回新秩序，打破同溫層的慣性，並以責任感引導文化的轉化。

第六節　對未來的承擔

未來不是等待，而是承擔

在舊價值崩解之後，未來不再是一條既定的道路，而是一片尚未書寫的荒原。尼采提醒我們，未來並不是一種「等待」，而是一種「承擔」。人不能期待有人替自己規劃一個新秩序，而是必須勇敢地承擔創造的責任。未來不是上天的恩賜，而是生命力的試煉場。

永劫回歸的責任

尼采的「永劫回歸」思想，正是一種對未來的徹底承擔。如果每個決定都必須無限次地重複，我們還會做同樣的選擇嗎？這個提問逼迫人直視自己的行為，並為其後果負責。承擔未來意味著：不再把選擇丟給運氣或外在權威，而是把自己放在時間的長河中，讓每一個行動都具有永恆的重量。

對社群的責任

未來的承擔不僅是個體的課題，也是對社群的承諾。創造新價值的人，必須意識到這些價值將在社群裡發酵，影響下一代的生存方式。這種責任不是空洞的「為全人類著想」，而是具體地在生活中踐行。當一個人立法時，他同時也在為社群開闢新方向。未來因此不是抽象的理想，而是日常行為的累積。

對失敗的包容

承擔未來並不意味著完美無缺，反而需要對失敗保持高度包容。因為沒有任何一個新價值能在誕生之初就臻於完整，它必須經過實踐與試煉才能成熟。尼采提醒我們，不要因為害怕失敗就拒絕創造。真正的承擔，是願意把自己的價值放到現實中檢驗，即使遭受挫敗，也把它視為新價值成長的養分。

承擔作為生命的莊嚴

最終，承擔未來就是承擔生命本身。尼采要我們直視生命的混亂、痛苦與荒謬，卻依然說出「是」。這個「是」不是被動的接受，而是主動的承諾：我願意讓生命重複，願意在這無盡的輪迴中繼續創造。這種莊嚴的承擔，才是新秩序誕生的真正基礎。

小結

對未來的承擔，不是等待，而是以永劫回歸的責任，將創造與失敗都視為生命莊嚴的必然。

第七節　尼采式的「是」

肯定生命的根本態度

尼采哲學的核心，不是單純的批判或懷疑，而是一種徹底的肯定。他所說的「是」不是對現狀的妥協，而是對生命本身的擁抱。這個「是」意味著：即使世界充滿痛苦、不確定與荒謬，我依然選擇肯定它，並承擔它所有的重量。這樣的態度，是對虛無主義最有力的回應。

超越否定的階段

尼采的思想旅程經歷過「否定」的階段，他挑戰宗教、道德與傳統的權威，拆解一切虛假的價值。然而，單純的否定無法長久，因為它只會導向虛無。唯有在否定之後，能說出「是」的人，才能真正走向創造。這個「是」是一種超越，意味著在廢墟上仍能種下新芽，而不是停留在破壞的快感裡。

永劫回歸的試煉

「尼采式的『是』」最鮮明地體現在「永劫回歸」的思想中。如果生命的一切都要無限次重演，我是否願意？能夠說「是」的人，才是真正的生命創造者。他不再選擇逃避，而是擁抱命運，甚至愛上命運。這種態度被尼采稱為「命運之愛」，它把生命的痛苦與快樂都視為同等珍貴，因為它們共同構成了存在的整體。

創造者的「是」

尼采的「是」並不是盲目的樂觀，也不是消極的接受，而是一種創造者的姿態。當他說「是」時，他同時也在制定新的價值。這種「是」包含了選擇與責任，意味著我願意把生命活成一件作品，而不僅僅是被動的經歷。這個「是」是一種建設性的力量，把混亂轉化為秩序，把荒謬轉化為意義。

生命的最後考驗

能否說出「是」，是尼采對每個人的終極考驗。當我們面對失敗、孤獨與痛苦，是否仍能選擇肯定？這樣的「是」並非逃避，而是一種莊嚴的承諾。它使我們能夠在永恆的循環中持續創造，而不是陷入消極的虛無。說出「是」的人，才真正超越了人性的局限，邁向超人的境界。

小結

尼采式的「是」，是一種命運之愛、擁抱永劫回歸的態度，將生命的混亂轉化為創造的契機。

電子書購買　　爽讀 APP

國家圖書館出版品預行編目資料

尼采談生命的工法——狂喜、永劫與自我的超越 / [德] 弗里德里希 · 尼采（Friedrich Nietzsche）著，林哲原 編譯 . -- 第一版 . -- 臺北市 : 崧博出版事業有限公司 , 2025.09
面；　公分
POD 版
ISBN 978-626-363-964-5(平裝)
1.CST: 尼采 (Nietzsche, Friedrich Wilhelm, 1844-1900) 2.CST: 學術思想 3.CST: 哲學
147.66　　　　114012639

尼采談生命的工法——狂喜、永劫與自我的超越

臉書

作　　者：[德] 弗里德里希 · 尼采（Friedrich Nietzsche）
編　　譯：林哲原
發 行 人：黃振庭
出 版 者：崧博出版事業有限公司
發 行 者：崧燁文化事業有限公司
E-mail：sonbookservice@gmail.com
粉 絲 頁：https://www.facebook.com/sonbookss/
網　　址：https://sonbook.net/
地　　址：台北市中正區重慶南路一段 61 號 8 樓
8F., No.61, Sec. 1, Chongqing S. Rd., Zhongzheng Dist., Taipei City 100, Taiwan
電　　話：(02) 2370-3310　　傳　　真：(02) 2388-1990
印　　刷：京峯數位服務有限公司
律師顧問：廣華律師事務所 張珮琦律師

定　　價：375 元
發行日期：2025 年 09 月第一版
◎本書以 POD 印製